新书院

本道课程的"七向"探索

本道课程的9

陈惠琴 ○ 主编

资源

图谱

主张

书院

实施

评价

故事

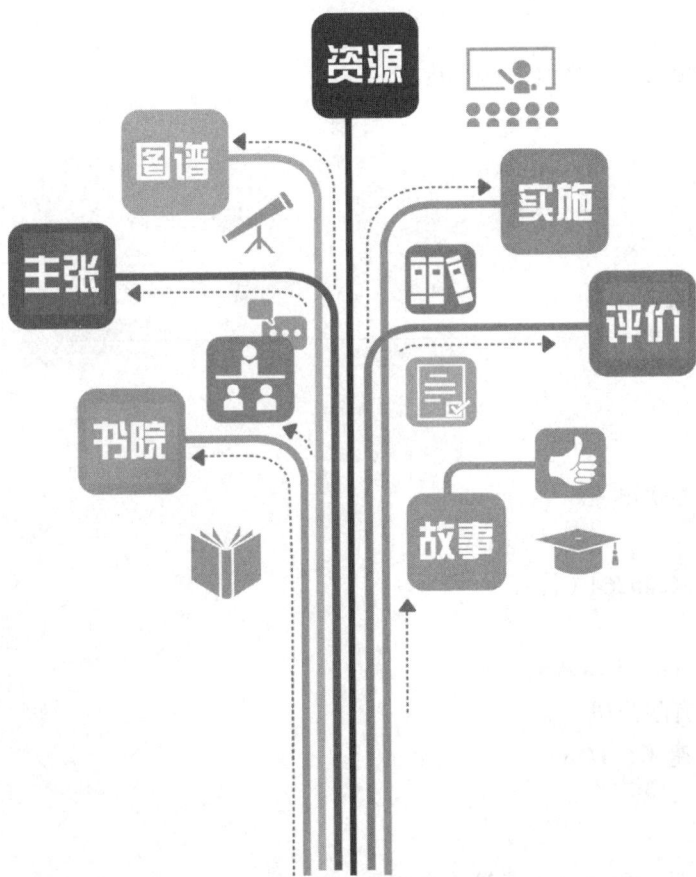

中国出版集团　现代出版社

图书在版编目（CIP）数据

本道课程的"七向"探索 / 陈惠琴主编 . -- 北京：
现代出版社 , 2021.6

ISBN 978-7-5143-9252-4

Ⅰ . ①本… Ⅱ . ①陈… Ⅲ . ①小学－课程建设－教学
研究 Ⅳ . ① G622.3

中国版本图书馆 CIP 数据核字（2021）第 110677 号

本道课程的"七向"探索

主　　编	陈惠琴	
责任编辑	杜丙玉	
出版发行	现代出版社	
地　　址	北京市安定门外安华里 504 号	
邮政编码	100011	
电　　话	010-64267325　64245264（传真）	
网　　址	www.1980xd.com	
电子邮箱	xiandai@vip.sina.com	
印　　刷	廊坊市海涛印刷有限公司	
开　　本	710 毫米 × 1000 毫米　1/16	
印　　张	17.5	
字　　数	248 千字	
版　　次	2021 年 6 月第 1 版　2021 年 6 月第 1 次印刷	
书　　号	ISBN 978-7-5143-9252-4	
定　　价	78.00 元	

序 一

书香涵育百年　书院重续新篇

昆山市培本实验小学创建于清光绪三十一年（1905），是昆山近代最早"新学"之一——昆山培本女子学堂原址。改革让它重现往日的辉煌，历史再次重现在人们的眼前。1984年创办体育班，至今已36年，体育特色让它翻开了崭新的篇章。作为一所拥有115年历史的老校，为国家、为家乡培养、输送了大批德才兼备的人才，其中有原联合国副秘书长金永健先生，有中央党校博士生导师周锡荣教授，有国家一级演员游本昌先生，有获北京亚运会举重冠军的施文，有两次蝉联全运会柔道冠军的徐志明，有获得世青赛举重三项冠军的黄文文以及数以万计的优秀社会主义建设者，这些都证明了培本实小显著的办学业绩。

非常高兴培本实小在建校115周年这样的时间节点，能再次梳理和发掘学校渊源和文化基因。培本实小立足于昆山本地的"三贤"文化瑰宝，承百余年的培本校园精神文化脉引，注重传承创新，开展基于"立德树人"的课程探索，主动担当起在新时代教育发展中的文化自觉和课程实践，尤为难能可贵。

培本小学校前身是300多年前玉山书院所在地，是"昆山三贤"之一、著名理学家、教育家朱用纯（号柏庐）先生讲经授学所在，又值清末书院东部改建为顾亭林先生专祠，供后人参拜祭祀。之后，徐氏邑人又在祠内设震川先生、柏庐先生的"享堂"，与亭林先生一道接受后人祭祀，故又名"三贤堂"。审其渊源，这里真是读书人的好地方。我们知道，先贤无不是热爱阅读、博览群书、读思并进者。唯读书不止，方能形成自己的言论和思想体系。以天下为己任的顾炎武及他的《日知录》，以德为先的朱柏庐《治家格言》和归有光《项脊轩志》亦都是值得阅读品茗的佳作。而培本学校倡导的"大家培小，立本生道"，更加值得重视，须知固本培基才是生道基础。这个"本"是为人、为学的根本。为人的根本是以德为本，为学的根本是知行并进，方能修身齐家怀天下，承报国之志，兴中华之梦。

而古代书院的根本自然离不开读书，从古至今，学校的教育无论是学生还是教师，乃至学校自身的发展，也都离不开阅读。

我们常说一个人的精神发育史就是阅读史。小到个人，没有阅读就不可能有个体的心灵成长，就不可能有精神的发育。也许，阅读不能改变人生的长度，但可以改变人生的宽度和厚度。故今天的培小，莘莘学子和广大的教师，更要多阅读、广阅读、深阅读。学校也从营造书香校园进阶到构筑新"玉山书院"。

我曾提出，一个民族的精神境界取决于这个民族的阅读水平，精神的力量对于一个国家的软实力、对于一个国家最终的竞争力起着关键的作用。我曾提出，一个书香充盈的城市必然是美丽的城市。最优秀的城市就应该拥有最善于阅读的市民。我也曾提出，一个没有阅读的学校永远不可能有真正的教育。我们新教育同人一直认为学校教育最最关键的一点就是让学生养成阅读的习惯、兴趣和能力，如果一个学校的教育将这个问题解决了，主要的教育任务就完成了。新教育实验强调关注"根本书籍"，因为阅读能改变我们的一切。

阅读是教育的基石。让阅读成为我们的生活方式，让阅读成为教育的主要内容，让阅读成为我们的国家战略！也愿昆山市培本实验小学，能立足"书院"，以"先贤"为师，以"课程"为道，倡阅读之风，涵育百年书香，重续书院新篇，让阅读之美、课程之实践，浸润师生一辈子的心灵。

朱永新

二〇二〇年六月一日

🔲 序 二

在课程田园之中寻找育人之道

昆山市培本实验小学以"本道课程"开发建设与实施为载体，围绕学校校本课程独特的育人价值、课程建设促进教师课程领导力的提升，丰富课程内容促进学生多元发展和终身发展等方面进行了积极探索，并获得一些着实有效的典型做法。

一、探索"本道课程"的逻辑起源

学校在课程建设之中提出"立于本"的核心概念，将"本"作为学校课程开发与实施的基础，并与学校校名"培本"有机结合，主张"培本固元，脉系本源，方能健行图远"。有价值的校本课程，应该在落实党的教育方针的过程中，从学生实际出发，让课程建设回归本质、回归教育的本质。为此学校"本道课程"将"教育根本、儿童本体、书院本色"作为课程建设的立足点，既能体现以人为本的教育情怀，也能彰显百年老校文化与传承的发展基础。

"十年树木，百年树人"，学校课程既是学生的生活、活动和经验的综合体，更是落实"立德树人"根本任务的肥沃土壤，厚植中华传统美德，承载民族精神和时代精神。教育的终极目标在于促进人的全面发展和终身发展，学生作为一个个活泼的生命个体，他们时刻期待能遇见适合他们的课程、适合他们的生活，从而获得生命的舒展、个性的张扬、素养的积淀，通过"本道课程"丰富内容开发，能够让每一个学生有机会接受"中华优秀传统文化"的浇灌，儿童在成长过程中获得文化营养、人文熏陶、习惯养成和精神培育。因此，培本实验小学规划学校课程建设的培养目标，并确立"培本学子"的五个素养——家国情怀、求真养智、健体澄心、循理尚美、实践创新，遵循儿童的成长规律，将学校课程培养目标定位于"培养有家国情怀、国际视野、人文底蕴的本真灵动少年"。

校本课程实施是文化传承的途径之一、是优质资源整合利用的途径，培本实验小学的前身是玉山书院、三贤祠所在地。百年来书院承续儒家"修身、齐家、治国、平天下"的价值追求，着眼于"修身"和"修学"的统一，在书院发展进程之中十分注重对学生的道德关怀，并以成就道德人格为最终目的。当下学校"本道课程"的建设能以传承优秀文化为责任、以弘扬民族精神为担当、以培育时代少年为使命、以促进学生本真灵动和向善向上为课程目标……建构"本道课程"体系、确立课程建设机制，进一步彰显了"书院文化"的本色，进一步体现了教育人在新时代、新课程环境下的育人担当。

二、完成"本道课程"的体系建构

课程体系是学校中相互关联、相互影响的课程所构成的，共同发挥着培养学生核心素养、引领学生终身发展作用的课程整体，它具有整体性、结构性、动态性和独特性等基本特征。培本实验小学架构"本道课程"体系，主要基于儿童立场，了解儿童的需要，遵循儿童的学习成长规律，以"向着未来、蓬勃生长"为课程理念，以"基础型课程、拓展型课程和研究型课程"作为课程结构基础，将学校现有课程内容划分为五个课程板块，主要包括：立德课程群（自我与社会课程）；立慧课程群（语言与思维课程）；立健课程群（运动与健康课程）；立美课程群（艺术与审美课程）；立创课程群（科学与探索课程），形成了较为丰富的课程内容和交互影响的课程结构关系图谱，涵盖100多个科目，服务于全体学生的必修和选修需要，并且设置了十大专题教育系列，应用PBL项目化学习方式推进课程实施。在"本道课程"体系建构方面体现了课程建设的规范性、综合性、校本性等特点。

三、展开"本道课程"的校本实践

课程规划方案是学校课程实施的现实写照，培本实验小学的课程方案中较为具体地展现了学校课程实践智慧，一是将学校课程化无形为有形，对整个校园的场景式课程功能进行重新设计，完善了生态庭园、书院文化、视觉艺术等。二是明确课程实施要求，让学生成为以课程修学和修身的主体。例如《三贤讲堂》等课程，师生共同建构课程内容，研三贤、品三贤、思三贤、传三贤、画三贤、吟三贤等，一起挖掘先贤文化，走访亭林园、震川园、柏庐公园等，展开综合实践学习，体验"天下兴亡，匹夫有责"的责任，感受"锲而不舍，自强不息"的精神，建立"胸怀天下，满腔爱国"的情怀，充分发挥课程的育人功能。三是关注学习经历建立多元评价体系，设计并开展展示性评价、存折评价、点赞卡评价、阅读之星评价、奖章评价等激励性和个性化评价方式。对于课程实施和评价能够聚焦实践过程的操作性、可行性、适切性、儿童本位等角度进行规划与设计，不断在课程实施与评价之中积累经验。

学校课程规划与实施是一项具有周期性、过程性、创新性的教育实践工作，课程建设带给学校的影响远远超越想象。一年多来，从我指导的培本实验小学学校校长和骨干教师们的课程主张、设计能力、实践成果，让我们很高兴地看到昆山市校本课程建设工程带给学校、带给教师的巨大影响力和感召力，让我们看到课程田园耕耘的教育价值和生命意义！

韩立芬　　全国知名课程专家
上海黄浦区课程研究中心主任

教育需要践行者

昆山市培本实验小学曾是昆山"三贤"之一朱柏庐先生主持讲学的玉山书院所在地，亦是昆山近代最早"新学"之一——昆山培本女子学堂原址。学校先后被评为"国家级体育传统项目学校""全国群众体育先进集体"和"全国体育卫生先进单位"，两次荣获"江苏省文明单位"、四次荣获"苏州市文明单位"称号。

作为一所拥有115年历史的老校，学校秉承和发扬了昆山人的务实奋进精神，形成了"正直做人，踏实做事"的优良风气；学校的历任教师敬业爱生，宽容严谨，教风淳厚；学生勤学善思，自信乐观，学风浓厚；学校重视素质教育，博学广才，树人道远，育才厚德。尤其是进入新时代，培本小学立足文化育人，构建本道课程，让课程促进学校、学生、教师的蓬勃发展，实践至今取得了一定的成效。

学校目前有两个关于课程建设方面的省级"十三五"课题，一个江苏省小学特色文化工程项目，苏州市课程基地中期视导获得"示范"，还有一个苏州市前瞻性项目，围绕本道课程取得的成效有目共睹，在区域内也起到了辐射引领作用。

本道课程，是传承百年培本精神文化的课程；本道课程，是让学校之魂得以薪火相传，催人奋进的课程；本道课程，是共守"教育务本，立本生道"的育人理念，锐意创新，服务学生，发展教师，使学校真正成为师生成长的幸福乐园的课程。衷心祝愿培本实小继往开来，在社会各界的大力支持和全体师生的共同努力下，发扬优良传统，为培养德智体美全面发展的社会主义事业的建设者和接班人做出更大贡献！

王　阳　　昆山市教育局副局长
江苏省人民政府督学

C 目录
CONTENTS ■■■

书院——"大家培小"的百年求索之路

主张——本道教育下"让每个生命蓬勃生长"的实践之路

图谱——"本道课程"的系统思考与整体建构之路

资源——实践创新的课程资源开发之路

实施——目标引领的课堂教学方式优化之路

评价——儿童立场的课程评价之路

故事——师生驰骋本道的精彩绽放之路

书院 SHU YUAN

——"大家培小"的百年求索之路

培本实验小学"前世今生"

玉峰山下，望山桥畔，一条悠悠的小河静静流淌……

300年前朱柏庐先生曾在此开设玉山书院，传经讲道，洋洋洒洒的《朱子家训》吟诵至今；200余年前有识之士为纪念顾炎武、朱柏庐、归有光在此新建三贤堂，百年文脉不息于此；115年前，同盟会会员徐梦鹰先生在此举办新学，开创女子求学之先风；时值当下，昆山市培本实验小学优秀的文化传统，历代先贤优秀思想已成为每一个培本人珍贵的文化基因，不断激励一代代培本人培基固本，创新发展。

书香不绝　文脉绵延

清道光末年，新阳县学训导韩印将玉山书院东部福济道院基前堂改建为顾亭林先生专祠，供后人参拜祭祀。之后，邑人又在祠内设震川先生、柏庐先生"享堂"，与亭林先生一道接受后人祭祀，故又名"三贤堂"。今亭林园昆石馆内两块巨型未经雕琢加工过的昆石"春云出岫""秋水横波"原来就安放在柏庐先生"享堂"之前。时值共和肇始，一代乡贤——昆山首任县长方还，仰慕顾炎武和朱柏庐的浩然正气，在玉山书院的旧址（今培本小学）建立了亭林祠和新教育学会。

清光绪二十八年（1902）朝廷颁"新政上谕"废科举办新学之前，本邑徐氏族人徐梦鹰（1873—1943）先生拥戴康有为、梁启超等鼓吹的"维新"运动，在昆山杨湘泾（今淀山湖镇）金家庄创办了一所新式学堂"蒙养公学"。清光绪三十一年（1905），徐梦鹰集资在北珊湾一私人医师宅院里建私立培本女校。1912年，培本女学堂收归公立，改名昆山县女子高等小学校，并迁至望山桥东的玉山书院（今址）。

培本女学堂首任主事（校长）徐梦鹰，字冀扬，号季扬，昆山巴城镇人，昆山著名的教育家和教育改革家，是辛亥革命前后昆山教育改革的先驱者。光绪三十二年（1906）他担任昆山县教育会副会长，同当时昆山著名的文化人方还一起为普及教育做了很多有益的事情，被誉为昆山近代"新学"的创始人。1929年，方还先生为学校题碑：昆山县培本小学校。这块题于民国十八年的石碑至今仍然屹立在学校一隅，几度桃李春风，多少栋梁英才。福泽乡亲，绵延八方。斑驳的石碑见证着校园里每一年、每一月、每一天的故事和记忆，守候着梦鹰先生遗落的一缕书香，看朝起暮至，浸润校园。

梦鹰先生一手创办的培本女学堂不仅是昆山近代最早的"新学"之一，更开昆山女子读书风气之先。初创时招一个班，学生20余人，实行六年新学制，有6个班，学生140余人。1915年，全县初等小学一律改称国民小学。为此，昆山县女子高等小学校（3个班，97人）附设国民学校（5个班，231人），1920年又附设蒙养园（1个班，56人）。1923年学校师生参加全县声援收回旅顺、大连运动及否认"二十一条"，并推举代表在昆山公共体育场开会，组织游行。

1931年日本占领东北，正准备进一步发动全面侵华战争。学校老师同仇敌忾，在学生中开展爱国主义教育，教唱《义勇军进行曲》《毕业歌》《卖报歌》等，发动师生捐出零用钱，给国家买飞机，同时，开展"抵制日货"、瞻仰顾亭林祠和"故先锋团团长朱葆诚烈士纪念碑"等活动。培本小学第二任校长徐祖芬（徐梦鹰之女）办学有方，后任校长顾也珍为其在校内建立纪念碑，此碑直至1957年左右被拆除。抗战爆发，日本大举侵犯中国，11月昆山沦陷，教育机构解体，师生星散，学校主要部分毁于战火。1946年5月，在中共昆山地下党的领导下，学校部分教师积极参加活动，开展罢教、请愿斗争。1949年5月昆山解放，人民政府接管学校，校名改为"昆山县玉山镇第二中心小学",附设幼儿园并管辖东门小学。1951年,美国公然侵略朝鲜,全国人民投入抗美援朝运动,学校师生积极响应号召组织开展支援抗美援朝活动。20世纪50年代学校贯彻教育与生产劳动相结合的方针,全面开展种植、饲养等勤工俭学活动。1953年6月,中国少年儿童队改名"中国少年先锋队",学校举行中国少年先锋队成立仪式。1956年,全县中心学校进行缩编,将原来36个辅导区改为22个。为此,学校管辖集街、西塘、东门、大西门小学及幼儿园直至1995年。1963年5月,全校师生响应毛主席的号召,积极组织开展向雷锋同志学习的活动。1966年6月,"文化大革命"开始。1968年全国推广公办小学下放至大队办。1970年1月,学校更名为"昆山县玉山镇新昆大队革命委员会第一小学"。到1973年,学校改名为"昆山县玉山镇第二中心小学"。一直到1987年学校恢复使用"培本小学",两个校名同时使用。进入2002年,学校更名为"昆山市培本实验小学",沿用至今。2012年9月,学校跨入"一校两区"时代,东西两个校区交相辉映。

百十年间,薪火代传。栉风沐雨,淑质英才。三尺讲台,书写春秋;沧桑砥砺,风雨兼程。百年培本的历程是光辉的历程,已然是昆山教育的一个典范。

如今,东校区的绿草坪上,两株桂花树华盖如冠,无论春夏秋冬,桂花树下两圈座凳都是师生小憩流连的好去处。老师们在中午值班时,最喜在树荫下坐坐,歇一歇;学生们绕着桂花树嬉戏玩耍,奔跑追逐,放飞一下童年的天真。西校区的校园里,十几株桂花遍布校园。每到金秋送爽之际,校园飘香,沁人心田。小巧整洁、素雅亲切的培本东校区,没有大气磅礴的张扬,有的是百年老校的积淀;没有浓妆艳抹的高贵奢华,有的是清汤挂面的纯净素雅。大气雍容、时尚亮丽的培本西校区投资近一亿元,这里很好地展示了新校一流的设施设备,诠释了一流的育人理念,正展露出她的迷人风采。东西校区的融合和互补,携手共进,必将创造培小更美好的明天。

犹记得校园里那16个熠熠生辉的铜字——"今日我以培本为荣,明日培本以我为荣"。周一升旗仪式上的日日宣誓,培本与我,荣辱共应。

　　走过了115年的历史，那是一种坚持和延续，那是一种传承和创新。培小娃们在双株丹桂的芬芳福荫下，快乐健康地成长，朝气自信地翱翔。培小，她正以崭新的姿态耸立于鹿城中心区域，笑迎八方学子。百十年风雨沧桑，百十年奋进不息。历史已揭开了新的一页，追溯过去，培本人感慨万千；展望未来，培本人豪情满怀。植根于这块独具魅力土地上的培本人将再铸辉煌，以激越的步伐迈向辉煌的明天。鲲鹏振翼，培小人心骛八极，展望未来，培小人坚定而豪迈。

昆山近代"新学"创始人——徐梦鹰

　　培小的发展，凝聚了历任校长的心血。正是他们，带领全校师生员工，筚路蓝缕，艰苦创业，励志图强，兴教报国，使学校从小到大，由弱转强，饮誉社会，名播鹿城。

　　培本创始校长徐梦鹰，也是昆山近代"新学"的创始人。徐梦鹰（1873—1943），字冀扬，日本留学生，同盟会会员。早在1902年满清政府颁布"新政上谕"，废科举、办新学之前，青年时代的徐梦鹰即拥护康梁"维新"的主张，到本县偏僻乡村金家庄办起"洋学堂"。后经苏州府选拔推荐赴日本留学，毕业回家后在家乡兴办教育更不遗余力，先后创建县立高等小学堂、培本女校等，是辛亥革命前后昆山教育革命的先驱。民国建立后，曾任中国驻日本公使馆留学生监督，代理公使，后为教育部编审、大学教授。1929年，辞职返昆乡居，曾被公举任昆山县立中学校长。抗日战争昆山沦陷期间，为保持民族气节，避居上海租界，在上海新民中学任教师。1943年去世，终其一生，可谓始于教育，卒于教坛。徐梦鹰先生对教育事业的忠诚与奉献，至今为昆山人民称道。

昆山"三贤"与培本的渊源

创办于清光绪三十一年（1905）的培本实验小学，书香不绝，文脉绵延。溯本求源，300年多前，望山桥畔，即现在的培本小学所在地，这里曾是清代贤人朱柏庐讲经授学的玉山书院。清道光末年，新阳县学训导韩印将玉山书院东部福济道院基前堂改建为顾亭林先生专祠，供后人参拜祭祀。之后，邑人又在祠内设震川先生、柏庐先生"享堂"，与亭林先生一道接受后人祭祀，故又名"三贤堂"。今亭林园昆石馆内两块巨型未经雕琢加工过的昆石"春云出岫""秋水横波"原来就安放在柏庐先生"享堂"之前。

时值共和肇始，一代乡贤——昆山首任县长方还，仰慕顾炎武和朱柏庐的浩然正气，在玉山书院的旧址（今培本小学）建立了亭林祠和新教育学会。至此，昆山"三贤"与培本结下了书香之缘、文化之缘。

说起昆山"三贤"，首先想到的是文化大儒顾炎武（1613—1682），初名绛，字宁人，江苏昆山千灯人，是明清之际思想家、爱国学者。明亡后改名炎武，自署蒋山佣，学者称亭林先生。少年时为诸生，参加"复社"，反宦官权贵斗争，清兵南下，嗣母王氏殉国，顾炎武参加苏州、昆山、嘉定一带的抗清斗争。失败后，十谒明陵，遍游华北，调查访问，收集资料，致力边防、西北历史地理研究，发展经济，力行垦荒。晓岁卜居华阴，卒于曲沃。亭林先生学问广博，于国家典制、郡邑掌故、天文仪象、水利河漕、兵农田赋、经史百家、经济贸易都有精湛研究。晚年侧重考证，深究哲理，提出"博学于文，行己有耻"的古训，提倡"经世致用"实学。开创清代朴学风气，对吴、皖考据派有深刻影响，被誉为明清学问有根底第一人。其"天下兴亡，匹夫有责"的名言，激励世代炎黄子孙，为振兴中华而奋进！著有《日知录》《天下郡国利病书》等。

归有光（1507—1571），字熙甫，又字开甫，别号震川，又号项脊生。明代散文家，昆山人，早年从师于同邑魏校。嘉靖十九年（1540）中举，后曾八次应进士落第。徙居嘉定（今上海市安定县）安亭，读书讲学，作《冠祀》《宗法》二书。从学的常数百人，人称"震川先生"。他考察三江古迹，为此写了《三吴水利录》。后来，海瑞以右金都御史巡抚应城十府，兴修水利，许多方面均采用了他的建议。嘉靖三十三年倭寇作乱，归有光入城筹守御，作《御倭议》，嘉靖四十年他60岁时成进士，授湖州长兴县（今浙江长兴县）知县。他重视教化，治政廉明。后任顺德府通判，专门管辖马政。隆庆四年（1570）为南京太仆寺丞，留掌内阁制敕，修《世宗实录》，卒于官。

文学上，归有光以散文创作为主，与拟古主义者对抗，力矫前后七子"文必秦汉"之论，并且取得了较高的成就，使当时的文风有所转变，对后世也有一定的影响。他与王慎中、唐顺之、茅坤等被称为"唐宋派"。归有光散文成为正统散文向近代散文转折的重大标志。归有光的著述较多，主要的有《震川文集》等。

朱柏庐（1627—1698），著名理学家、教育家。名用纯，字致一。昆山玉山人，明诸生。清顺治二年（1645）其父朱集璜在守昆山城抵御清军时遇难，朱昼夜恸哭。他上侍奉老母，下抚育弟妹，播迁流离，备极艰辛。待局势稍定，才返故里。因敬仰晋人王裒攀柏庐墓之义，故自号柏庐。居乡教授学生，潜心治学，以程、朱理学为本，提倡知行并进，躬行实践。他深感当时的教育方法，使学生难以学到真实的学问，故写了《辍讲语》，反躬自责，语颇痛切。曾用精楷手写数十本教材用于教学。生平精神宁谧，严于律己，对当时愿和他交往的官吏、豪绅，以礼自持。清康熙十八年（1679）他坚辞不应博学鸿儒科，后又坚拒地方官举荐的乡饮大宾。其所著《朱子家训》，劝人勤俭治家，安分守己，宣扬封建伦理道德，其中"一粥一饭，当思来之不易；半丝半缕，恒念物力维艰""宜未雨而绸缪，勿临渴而掘井"等句，尤脍炙人口。著有《四书讲义》《困衡录》等。

后人以"亭林经济，震川文章"来概括顾亭林、归震川的成就，以朱柏庐著名的《治家格言》用以规范人们的道德行为、处理家庭事务及社会人际关系及言行的准则。

顾亭林提出了"亡国与亡天下"的社会历史发展命题，那句"天下兴亡，匹夫有责"对中华民族是一个含义深远的激励，也成了爱国救亡运动中使用频率最高的革命口号。

归有光是令人景仰的散文家，青年时期就胸怀报国之志，虽屡试屡败但从不气馁，他那些情义真挚、文思瑰丽的散文，成为中国文学宝库中的珍品。

朱柏庐的《治家格言》，在中国曾经妇孺皆知，他大声呼吁："读书志在圣贤，非徒科第；为官心存君国，岂计身家！"这句话其"修身、治国"的政治理想可见一斑。开掘民智潜力的平民教育家朱柏庐的活动范围在家乡、在民间、在底层，他的兴趣在传统教育上。他怀着振兴心智的满腔热情，独自航行在启迪民智的教育之海，用自己的全部身心去唤醒民间的"历史文化记忆"。

无论是顾炎武、归有光还是朱柏庐，都是昆山这一方水土养育了他们，"昆山三贤"留下的优秀思想文化遗产，也是培本实验小学珍贵的文化基因。

今日我以培本为荣，明日培本以我为荣

培本实验小学，百十年间，栉风沐雨，淑质英才。三尺讲台，书写春秋。学校虽数易校名，几度迁徙，历经沧桑，却弦歌不辍。一代又一代培本人秉承"大家培小　立本生道"的办学理念，践行"让每一个生命蓬勃生长"的培本使命，筚路蓝缕，薪火相传，共同铸就了学校今天的繁荣与发展。

桃李芬芳　春色满园

学校以体育为办学特色，全面推进素质教育，积极开展阳光体育活动，成为昆山市、苏州市乃至江苏省学校体育的一个窗口。自1984年起创办了四、五、六年级三个体育班，坚持训练，30多年的坚持，先后为上一级单位

培养输送了亚运会举重冠军施文、蝉联两届全运会柔道冠军的徐志明、2012年世青赛举重冠军黄文文等一大批体育人才。

学校坚持党的领导，坚持立德树人根本任务，推动高质量发展。百十年历史中，育桃李英才无数，其中有原联合国副秘书长金永健、中共中央党校博士生导师周锡荣、美国哥伦比亚大学终身教授徐振玉、著名表演艺术家游本昌、浙江大学数学系博士生导师沙震、毕业于南京大学的法文翻译权威唐家龙，以及现于耶鲁大学医学院攻读博士的郁申量、牛津大学数学系学习的姜韬、麻省理工学院就读博士的章逸飞等。辉煌的历史造就了开拓创新、催人奋进的培本精神，学校将持续探索以"本道"文化引领，以培养具有担当民族复兴大任的时代新人为目标，办人民满意的教育。

体育特色　成绩斐然

为了发展学校体育，1978—1980年，培本小学在玉山地区开办"体育班"取得了成功的经验，其后，在县文教局和玉山镇政府的关心支持下，于1984年在全省率先建立了县一级"体育班"。培本的体育班至今已经办班30多年，在全省这种情况也是极少的。先后为上一级学校培养输送了亚运会举重冠军施文、蝉联两届全运会柔道冠军的徐志明、2012年世青赛举重冠军黄文文等一大批体育人才。"体育班"是培本体育教育的一个缩影。早在20世纪80年代初，昆山学校体育成绩滑向低谷。学校结合实际，在上级部门的支持下，主动请缨，建立了昆山小学田径训练基地和玉山镇田径训练业余学校，使学校开始走上了"全面发展，争创体育特色学校"的运转轨道。体育老师从各个班挑选出13名体育苗子，又从外乡镇陆续选进7名学生，个个经过严格的体能测试。万事开头难，收进20名才10岁左右的孩子，一无宿舍，二无床铺。困难吓不倒学校师生，他们腾出旧教室，中间用木板一隔，白天用来训练，晚上当作床铺，连夏天的蚊帐都是老师捐献的。

梅花香自苦寒来。在次年的苏州市小学生运动会上，以培本小学体育班为主组建的昆山小学田径队参赛，一举夺得男子团体冠军、女子团体亚军的好成绩。初战告捷，师生们信心更足了，训练也更加刻苦：夏练"三伏"，健儿们顶烈日，冒酷暑，挥汗苦练，奋力拼搏；冬练"三九"，小运动员们冒风雪，迎寒流，奔腾疾驰，翻滚跳跃……就这样，学校连续11次获得苏州市小学生田径运动会团体总分第一，实现了"十一连冠"的好成绩。

1990年9月，学校培养输送的运动员施文在北京亚运会夺得了女子举重冠军，成为昆山亚运会夺冠第一人。昆山城沸腾起来了。1998年学校输送的运动员蔡亚萍在省运会上以13.73米的成绩破女子三级跳远省最高纪录，并在中、日、韩田径比赛中获跳远冠军；1999年徐志明获第三届全国城运会75公斤级柔道冠军，并代表中国参加了2000年奥运会。2013年在秘鲁举行的世界青年举重锦标赛男子69公斤级比赛中，培本小学体育班选送到苏州体校的优秀举重运动员——19岁的小将黄文文凭借抓举138公斤、挺举178公斤的成绩，夺得了挺、举总成绩两项冠军。体育竞技中的骄人成绩令学校声名鹊起，引起社会的广泛关注。1992年10月，从培本走出来的体育特级教师陈恒德代表江苏省参加全国千名优秀体育教师授奖仪式，由当时的国家体委主任伍绍祖为他颁奖。原中国科学院副院长、全国人大常委会副委员长、中国现代物理学研究开创人之一的严济慈为学校欣然题词："培树人才，教育为本"；国家体委老主任李梦华先生也亲笔题词："乐育英才"。

自体育班成立以来，学校先后为国家、省市培养输送300余名优秀体育苗子，其中进入国家集训队5人，省体工队8人，清华大学马约翰体育班7人，苏州市体校70余人。在培养输送的运动员中有5名成为国家级健将运动员，6名一级运动员，独自培养二级运动员5名，三级运动员68名。

1991年年末，学校被国家体委、教育部评为"全国优秀体育传统项目学校"。1997年被评为"全国群众体育先进集体"，1999年又被评为"全国体育卫生先进单位"；同年，被确定为"江苏省实验小学"。2005年11月18日，学校隆重举行百年华诞庆典活动。2011年学校步入"国家级体育传统项目学校"行列。培本小学以其成功的办学经验载誉社会，走出了一条以体育教育为特色的办学之路，30多年的体育坚持、30多年的"体育为首五育并举"的办学之路，在培本师生的辛勤努力下正越走越开阔。

校园里为建校95周年而建的冲刺雕塑，至今屹立在学校操场，指引着一批又一批的培本学子、运动小将们在绿茵场、在人生的跑道上奔跑冲刺，奋勇向前。将体育的"更快、更高、更强"精神融于师生的血脉中，团结拼搏，永不言弃。

有人问：培本精神是什么？50届老校友南师大文学院教授袁玉琴说得好：爱国、勤学、立德，便是我心目中的培本精神。因为爱国，培小的体育小将们冲刺拼搏、为国争光；因为勤学，培小的师生教与学有一股拼劲，不遗余力；因为立德，我们的校风是谨慎淳朴，以德为本。培小的前辈们筚路蓝缕，开启伟业，在这片土地上敢为人先，固本培基，承报国之志，培树人才，不遗余力。从建校之初的艰辛创业，到抗战时期校舍被毁；从"十年动乱"的干扰破坏，到改革开放兴校之路的探索；从20世纪初的松光油灯，到21世纪教育强校战略的制定。百十年间，一代又一代的培本人始终担负着耕耘智慧、播撒真知、传承文明、科教兴国的历史使命。虽历经百年的春秋风雨，校名几番更迭，不变的是那颗培育初心，那份情怀担当。

莘莘学子，风采奕奕。活动引领成长，一批批优秀的队员在培小苗壮成长起来。多年来，学校一直把少先队工作作为学校德育工作的重中之重，创新方法，创建特色，努力形成学校少先队的特色品牌。先后被评为"江苏省红旗大队""苏州市德育示范学校""苏州市少先队示范学校"，2011年学校"希望风帆"中队又被团中央、教育部、全国少工委联合授予"全国优秀少先队集体"称号，2017年荣获"全国青少年校园足球特色学校"。

学校鼓号队连续三届获得昆山市特等奖、苏州市一等奖。三任"苏苏"在苏州大市的各项活动中展风采。梁恩瑞同学荣获"江苏省十佳优秀少先队员"称号，代表省里参加全国少代会，与出席会议的李长春爷爷一起握着手参加活动，接受中央电视台的采访和拍摄。我校少先队员代表戴艺贝和苏州市原市委书记王荣一起参加活动。培本小学合唱团、舞蹈团连续三年获得昆山市文艺会演一等奖,合唱团的"小百灵们"还与世界著名的男童合唱团——美国亚利桑那图森男童合唱团同台献艺。

走过了115年的历史,体育班办班36年,苏浙沪联谊校活动20年,这一个个数字,承载着光阴,走过了岁月。那是一种坚持和延续,那是一种传承和创新。培小娃们在校园中双株丹桂的芬芳福荫下,快乐健康地成长,朝气自信地翱翔。2015年是学校建校110周年,学校官方微信和网站上推出了"学子回眸"栏目,累计收到共50多位培本学子来稿。有来自耶鲁大学、北大、南大、交大等的众多学子。学子们的来稿中,大部分提到了这16个字——"今日我以培本为荣,明日培本以我为荣"对他们的一份刻骨铭心的激励。正可谓:大家培小,立本生道。培小,是大家的;培小,是个大家;大家,从小培养。大家不同,大家都好。

传统与现代的融合
——培本现代校园"五育空间"的物型环境设计

培本实验小学创办于1905年，是玉山书院、三贤堂所在地。百十年来，积淀坚实根基，基于对学校历史、当下与未来的联通，学校确立了"大家培小"的方向；基于对教育本质的理解与回归，学校确立了"儿童生命本位，人的成长之道"的路径；基于对传统中国文化的基础与弘扬，学校树立了"君子务本，本立而道生"的观念。基于对本、道之"根本、本源"的意义探究，我们认为学校教育根本任务就是落实党的教育方针，促进人的全面发展，基础教育是植根的教育阶段，立本生道是立德树人的培本表达。从多面性和立体性的生命观来看，所植之根本应包括德智体美劳等多方面。

培本实小将其表述为家国情怀、求真养智、健体澄心、循理尚美、实践创新五个方面。学校提出了"大家培小，立本生道"的培本办学宗旨，明确建设本道文化的办学主张，本道文化的校本构建促进师生健全人格的塑造，契合当前"文化立校"的实际需要，是更新学校传统文化、提高学校文化品位的有效路径。学校将"家国情怀、求真养智、健体澄心、循理尚美、实践创新"这五个培养目标进行细化，渗透在低中高年段的课程中。学校现有的课程划分为"立德、立慧、立健、立美、立创"五大课程群，建构了本道课程的"五立"课程体系。

基于此，在培本本道文化立校的背景下，精心构造现代校园"五育空间"，促进学生"向着未来蓬勃生长"。

学校两个校区建筑面积近100亩，环境优美，资源丰富。东校区古朴典雅，西校区时尚现代。两个校区以"玉山书院"为课程载体，将现代与传统融合，构建了"五育空间"。其下设主题教育馆、三贤堂、七星斋、生长吧、日知园等34个支撑学生实践体验的物型课程空间，为学校课程的开发与实施提供了有力保障。

养正步道（德）——培本的地表是让孩子动心的样态

卢梭说过：大自然希望儿童在成人以前就像儿童的样子，因此我们在设计中注重儿童天性释放与教育引领的融合，用课程串联起建筑空间，努力构建"泛在学习"环境。走进培本的校园就会被地面上灰底白字的"养正步道"所吸引，整个步道既宽且长，上有"君子敬以直内，义以方外""日省其身，有则改之，无则加勉"等国学经典话语。孩子们每天早晨踏着经典步入教室，放学后踏着步道吟诵经典走出校园，这是一种教育的美好，也是一种人文积淀，更是帮助学生扣好人生的第一粒扣子。

贯通一二期建筑的是一条200米长的通道，我们结合学校的校史取名"方还路"（老校区有一块民国十八年的校碑，昆山市首任县长方还题校名）。学校就地取材，将通道改造成一棵躺着的巨型大树，这棵树上长出来很多"叶子"，向孩子们依次呈现从出生到成人的所有法律条文，让学生每天与法同行，向阳生长。

道路两侧，有香樟、桂花、水果兰、琼花、银杏……每个植物都有身份牌：学名、别名、产地、科属，还配上二维码，让每一种植物都成为知识源。身份牌制作者都是"植物名片"社团的孩子们，他们用第一人称"我"来介绍，用词活泼有趣，吸引很多学生经常来欣赏美景、学习科普知识。

学校不断加强校园里各种步道的人文气象，让学生浸润其间，成就学校内涵文化的一道亮丽风景。这些蕴含本道文化特色的道、路，为学校的"五立"课程之一立德课程提供了充沛的、满足学生多种需要和个性化表达的环境资源。

日知乐园（智）——精心设计赋予校园更显现的课程寓意

教育家帕默尔在《教学勇气》一书中指出："所有真实的生活在于相遇。教学就是无止境的相遇。"具有文化承载力和生长力的环境本身恰恰是学生生命相遇、心灵相约的栖息地，是宝贵的学习资源。于是我们尽力开发此类资源，如西校区的日知园（以三贤之一的顾炎武的著作《日知录》来命名该园），课间是学生奔跑、游玩、休闲的好去处，也是老师开发课程最受欢迎的活动场所。东校区的桂园，一株金桂、一株银桂枝繁叶茂，每到秋天香满校园，同学们在树下奔跑、玩耍，冲刺的雕塑、民国时期的古石碑点缀其间。而三贤堂、七星斋、玉山书院主题教育馆等，更是将物型赋予校园建设，更显现了课程寓意，这些园、堂、斋、馆都对学校的五立课程之立智课程具有极大的促进作用。

本林廊道（美）——培本的廊道是化具象为美育的精心营构

教育空间由于人的生命活动，赋予其以生命活力。因此，我们力求物理的空间要有人文的底蕴，人文的气息要充盈物理的空间，要保持一种积极向上的生长姿态，丰富多彩的审美意蕴。因此，教育空间必须是活泼的、互动的、生长着的。培本的空间内容丰富多彩，各处主题鲜明的本林廊道文化展现着这所学校的现代与传统的美、展现着师生蓬勃向上生长的美。

校园中有数十条主要廊道，有指向学科知识的十趣专题：字趣、诗趣、书趣、探趣、行趣、智趣、体趣等；有指向学校发展历程的培本林；有指向生涯规划、感恩主题的学生毕业季漫画涂鸦墙；有富有学生原创气息的童诗连廊。

师生们基于空间布置，融会贯通、学以致用，引发创生彩绘校园课程，有画花、亭、楼、廊等综合系列，有画樟树、杏树、玉兰树等校园树系列，老师学生骄傲地表示，下一步还将以学校为课堂，进而画校园四季风景，制成明信片；画校园彩绘地图，让远道而来的嘉宾看着他们绘制的地图走向他想去的任何地方。让每个来访者印象最深刻的是大厅中达两层楼高的巨幅画像《想飞的我》——气韵生动，汇集培本娃追梦飞翔的各种样态，寓意率真的童年和悠远的遐想，由培本孩子自主创作完成。这些校园里到处可见的廊道文化，不仅为学校的立美课程提供了丰富、多变、广阔的课程环境支持，更把美好的记忆留给学生，让美育的辐射润泽学生。

一米农场（劳）——培本对物型的至爱更在"格物"之中

格物致知，是中国古代儒家思想的一个重要概念。格物文化意在探究事务的道理，纠正人的行为的文化追求，通过物我合一，培养学生的器物精神。基于此，我们培本人致力于格物致知、知行合一的五立课程之立创课程环境的构造。

一米农场是将学生的劳动教育落到实处，学校不只是学习知识的场所，也是进行劳动创造的体验基地。学校在校园中开发了多处一米农场，和市农技站合作，带领学生体验种植课程、高科技生态厕所课程、安全体验馆课程。而在小培娃的生长吧中，则是一个由学校整合各项资源建立起来的集游戏、体验、学习、实践为一体的学生发展中心。它由五个部分组成：试试吧、秀秀吧、议议吧、连连吧、兑兑吧。场地极为广阔，几乎用一个层面打造，是学生劳动创造的CBD。它是小培娃们实践体验的中心、交流展示的中心、参政议事的中心，也是评价兑换的中心。孩子们身在其中，参与其中，更多地实现跨界学习、融通创生、主动创造。生长吧各场室中的每一个标题，都由本校学生书写，在这里，他们开展本真秀作品展；他们进行大队委竞聘演讲；他们开办了银行超市……在这里，孩子们知行合一，蓬勃生长。

这些围绕着本道五立课程之"立创"课程的环境支持，让学生在社会学习中成长，让学生在大自然中去学习，拨动学生内心深处的爱物和感物之情。

律动空间（体）——彰显体育特色是为健康成长助跑

　　学校的体道楼、体育馆成为本道五立课程之立健课程的核心。一整栋楼、一个核心专用场馆再加上分布在校园中20多个适合律动的游戏场所、空间设计，彰显了学校鲜明的体育特色。学校的灵动秀周周演，学生成为空间最美的主角和风景；两片绿茵场利用率极高，田径队常年一天两训，而足球小子们早上、黄昏奔跑着、挥洒着汗水；篮球场上投篮、传球，培本少年在教练的指导下练习基本功和战术。体现"立健"律动空间的主题系列的有：体育馆、澄心花园、行健园，为学生健康、阳光、快乐地成长起到了助跑的作用。

　　总之，学校应如生态庭园般，拥有良好的自然氛围。以书院文化为内核，以童真童趣的视觉艺术来设计建设富有书院气、书香味的校园文化环境，从校园文化墙，到各处文化院落、楼名呈现方式、墙壁走廊，从室内到室外，园内到园外，都充盈着丰厚的中华优秀传统文化和现代文明，尤其精心建造空间宽敞、设施先进、文化浓郁的书院文化课程活动区。以书院精神促进班级文化建设，精心设计和布置教室内外的文化环境，精心提炼班级公约、设计班名和班旗，开展班级文化活动。学校应是人文"家园"。本道桃李芬芳连廊、书院主题教育馆、文化展厅等的设置，形成了独有的环境浸润课程，让身处学校中的师生，有课程实施带来的文化"浸润感"；让身处校园中的学生，从自身认知方面充分感受书院文化的厚重与独特魅力，在潜移默化中受到熏陶和感染，更加以校为荣，不断向善向好。学校应是知识的"乐园"，让学生处在开放的场域中，能自由地进行学、作、研的结合。我们有序开发了8个激发"读"的书院式读书空间，体现"玩"的开放空间，注重"研"的未来教室、智谷少科院等，着重"练"的田径场、书法室等。此外还有会生长的一米农场、植物名片、会呼吸的路等。研、玩、读等皆是学习手段；习惯、规则、想象力等均可成为学习的动力，带给学生真实的收获。

主张
ZHU ZHANG

——本道教育下"让每个生命蓬勃生长"的实践之路

驰骋本道，点亮未来
——本道课程理念的确立过程

《论语》有言："君子务本，本立而道生。"创办于清光绪三十一年（1905）的昆山培本实验小学，弦歌不绝，人才辈出。校如其名，回顾办学历程，培本的"本"字，已成为学校文化内涵的气质表达。历经百年的时光积淀，学校傲然而成一棵"枝繁叶茂、根连立深"的参天大树。为承继学校优良传统，更好地履行新时代的育人使命，明确"大家培小立本生道"办学宗旨，秉承"向着未来蓬勃生长"的办学理念，提出培本的教育哲学——本道教育，确立"构筑本道工程，落实立德树人，助力生命成功"的办学策略，让学校成为师生共长的生命之林。

学校课程基础与背景分析

一、国家课程改革的相关要求

当今，为顺应国际教育的改革趋势，增强国家核心竞争力，提升我国人才培养的质量，国家将全体性、基础性、发展性的素质教育，转向了与时代发展、社会变革、国际发展趋势密切相连的核心素养提升。这既是国家人才战略发展的需要，又是个体终身发展的需要。过去那种知识本位，以学科知识结构为核心的传统课程体系已经无法适应目前我国正处于的经济转型与快速发展时期对人才、对未来公民的需求。

从国家相关文件规定来看，《中长期教育改革和发展规划纲要》中指出重点是面向全体学生，促进学生全面发展，着力提高学生服务国家人民的社会责任感、勇于探索的创新精神和善于解决问题的实践能力。《基础教育课程改革纲要（试行）》明确校本道课程是课程建设的需要。《关于全面深化课程改革落实立德树人根本任务的意见》要求立德树人是系统工程，其重要的载体是课程。国务院办公厅于2019年7月颁发《关于深化教育教学改革全面提升义务教育质量的意见》，明确提出"五育并举"的育人要求。

二、学校课程建设的优势

（一）学校丰厚的文化底蕴

我校创办于1905年，是玉山书院、三贤堂所在地。百十年来，积淀坚实根基，基于对学校历史、当下与未来的联通，学校确立了"大家培小"的方向；基于对教育本质的理解与回归，学校确立了"儿童生命本位，人的成长之道"的路径；基于对传统中国文化的基础与弘扬，学校树立了"君子务本，本立而道生"的观念。基于对本、道之"根本、本源"的意义探究，我们认为学校教育根本任务就是落实党的教育方针，促进人的全面发展，基础教育是植根的教育阶段，立本生道是立德树人的培本表达。从多面性和立体性的生命观来看，所植之根本应包括德智体美劳等多方面。培本实小将其表述为家国情怀、求真养智、健体澄心、循理尚美、实践创新五个方面。从"文化立校"的实际需要来看，本道文化是依道而行的文化。每一事物都有其规律、规则，教育亦然。从教者应回归到教育本来的样子，按照教育应然的方式、法则开展教育。回归教育的本然，其关键在于复归于"人"的教育，"回归儿童本位，人的成长之道"；本道文化也是潜润无声的文化。《道德经》讲道："大音希声，大象无形。道隐无名。"伟大的道是不能用具体的名来指称的，它无声地涵育生养着万物。最深入人心的教育，像潺潺溪水，无声地潜润着生命。潜润虽然无声，其力量却是巨大的。它会直抵生命的深处，成为生命成长的不竭动力。由此，学校提出了"大家培小立本生道"的培本办学宗旨，明确建设本道文化的办学主张。本道文化的校本构建促进师生健全人格的塑造，契合当前"文化立校"的实际需要，是更新学校传统文化、提高学校文化品位的有效路径，也是社会文化转型对学校建设的呼唤和贯彻国家文化战略的校本化抉择。

（二）教育主张

近年来，学校以"本道教育"哲学为引领，以"向着未来蓬勃生长"为办学理念，以省级"本道特色文化课程基地"研究项目为载体，对学校课程建设进行了系统的思考与实践探索，有一定的基础。第一，本道文化课程建设基于国家发展的要求——构建本道文化课程育人体系。为了适应目前我国正处于经济转型与快速发展时期对人才、对未来公民的需求，再加上互联网时代新的经济形态对人才的需求，致使我们的教育必须培养全面、和谐、完整、富有创新精神的人才。第二，本道文化课程建设基于学生发展的需求——提升学生的核心素养。小学阶段我们必须顺应儿童的发展需要，遵循儿童的成长规律，正视儿童的天真本性是应然之道，也是本道文化的核心要义。第三，本道文化课程建设基于教师成长的需求——促进教师专业发展。教师是该课程的实践者，其目标是让教师学会学习、学会反思、学会创新、促进教师专业化成长，成为具有培本特质的从教者。通过课程的开发、研究和项目和实践，促使教师积极探讨教学新方法，大胆创新教学新模式，具备课程开发的能力，不断研究，及时反思总结，促进教师专业化成长。第四，本道文化课程建设基于学校发展的追求——彰显学校独特个性。培本的"本"字，已经成为学校的气质与风骨。因此，学校确立了"本道"作为学校发展的核心文化名片，确立了"培养有家国情怀、国际视野和人文底蕴的本真灵动少年"的育人目标。基于此，学校需要一个重要的载体——"本道课程"的构建与实践。

（三）教师资源

学校现有教师156人，中青年教师125人，占总数的80.1%。中、高级职称教师82人，占在岗教师的52.6%。学科带头人和骨干教师71人，占在岗教师的45.5%。问卷调查显示：85.83%的老师对学校开设的本道课程满意，14.17%的老师认为学校开设的课程一般。86.61%的老师对学校想增设的校本课程持支持态度，11.81%的老师对此持一般的态度。

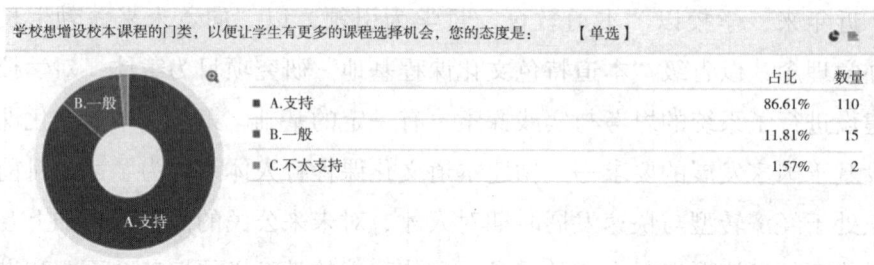

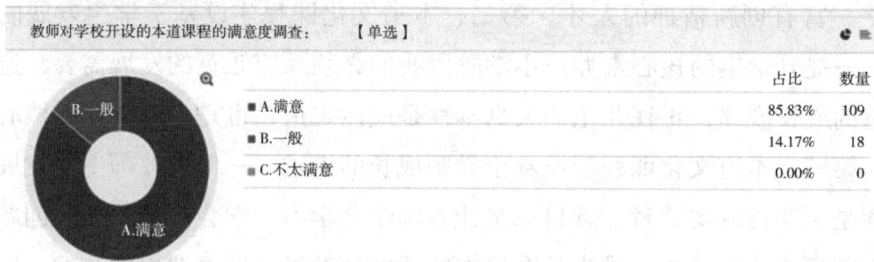

学校想增设校本课程的门类，以便让学生有更多的课程选择机会，您的态度是： 【单选】

	占比	数量
■ A.支持	86.61%	110
■ B.一般	11.81%	15
■ C.不太支持	1.57%	2

教师对学校开设的本道课程的满意度调查： 【单选】

	占比	数量
■ A.满意	85.83%	109
■ B.一般	14.17%	18
■ C.不太满意	0.00%	0

（四）课程资源

在扎实推进国家基础型课程实施前提下，我们开展省"十三五"立项课题——"基于儿童立场的本道课程构建和实施"的课题研究，建立和完善以"本真+灵动"为核心关键词的本道课程树，为每个生命蓬勃生长提供个性化体验课程。目前课程类型基本能够满足学生的多元选择，现有社团100多个，其中有14门课程成为精品课程。学校树立"一切有积极影响的活动资料和活动过程都是课程"的课程观，从"教材是我们的世界"走向"世界是我们的教材"。坚持立德树人，以课程和活动为载体，让自主探究、合作交流、操作实践成为最重要的学习方式。

（五）场地设备

学校建筑面积近100亩，环境优美，资源丰富，东校区古朴典雅，西校区时尚现代。两个校区以"玉山书院"为课程载体，下设主题教育馆、三贤堂、七星斋、生长吧、日知园等34个支撑学生实践体验的物型课程空间，为学校课程的开发与实施提供了有力保障。

（六）社会资源

昆山场馆、昆山名人、自然风光，周边杜克大学、体育场馆、清华科技园、艺术剧院、森林公园等人力景观资源较多，这些为学校课程建设提供了丰厚的资源保障和人才支持。

三、学校课程建设面临的问题及生长点

（1）如何让课程进一步丰富，满足所有学生的全面而有个性发展的需要，找到儿童与课程之间的匹配度与黏合度？

课程改革的价值指归是指向儿童的自主学习意识、能力唤醒，指向生命个体潜能的激发与发展需要的满足，须源自儿童的生活，基于儿童的经验。其教育的终极目标在于人的发展。儿童作为一个个活泼的生命个体，都期待能遇到适合他的学校和教育，从而获得生命的舒展、个性的张扬、素养的积淀。基于此，本道课程立足儿童本位，满足儿童需求，开发新课程。为了更好地了解儿童需求，明晰课程和学生需求间的匹配度，我们进行了问卷调查，调查显示，59.34%的学生认为这门课程最有趣的原因取决于上课内容，20.03%的学生对此选择了喜欢上课方式。同样，学生对这门课程没兴趣的主要原因为上课的内容占40.41%和上课方式占21.22%，还有34.13%的学生选择了其他，说不清楚对该课程不喜欢的原因。

你认为这门课程最有趣的原因是什么？ 【单选】

	占比	数量
■ A.喜欢上课内容	59.34%	699
■ B.喜欢上课方式	20.03%	236
■ C.喜欢上课老师	7.64%	90
■ D.有喜欢的同学一起上课	9.25%	109
■ 其他	3.74%	44

你认为这门课程最没趣的原因是什么？ 【单选】

	占比	数量
■ A.不喜欢上课内容	40.41%	476
■ B.不喜欢上课方式	21.22%	250
■ C.不喜欢上课老师	4.24%	50
■ 其他	34.13%	402

在让学生有机会自主选择课程方面，94.82%的学生选择了愿意，77.93%的学生对学校提供的本道课程持满意态度，20.54%的学生认为一般。在调查问卷中，对老师和学生分别进行了统计，41.68%的学生选择一周两节课，48.82%的老师倾向于每周1课时，41.73%的老师选择每周2课时。

（2）如何在传承创新中系统构建学校课程，实现文化与课程的共生？

培本是一所有历史传承的学校。300年前，培本小学所在地前身是清代著名的玉山书院，朱柏庐在此讲学，院内先后设有顾亭林先生专祠，震川先生、柏庐先生"享堂"，又名"三贤堂"。115年前，徐梦鹰先生首创新学，开女子读书风气之先。时值当下，我们培本实验小学优秀的文化传统，历代先贤优秀的文化思想已成为每个培本人珍贵的文化基因，不断激励一代代培本人固本培基，创新发展。110年间，培小先后走出原联合国副秘书长金永健、中央党校博士生导师周锡荣教授等一大批遍布海内外的优秀毕业生。近十年间，在历任校长、老师的辛勤耕耘下，学校的发展日新月异，业绩突出，先后被评为"国家级体育传统项目学校""全国优秀少先队集体""江苏省文明单位"等。首先，在课程建设推进中，我们致力于承继学校道统，经过多年不断的探索与发展，学校在课程建设中，取得了一定成果，但课程类别多、课程内容广、课程成熟度差异大，一些课程仍处在教师自主开发阶段，造成学校课程资源整合难度大，也给学生自主选择课程与学校管理带来一些困难。在这种情况下，学校课程建设就需要进行梳理、总结与分析，对学校现有的课程进行系统思考，优化课程体系。

其次，基于学校的历史传承，需探寻课程建设新的生长点。依据新时代发展趋势，围绕健康素养和健身习惯的培养，拟开设健身课程、体育文化课程等各类主题课程，进一步擦亮培本特色体育名片。比如基于历史地域文化，前身为玉山书院所在地之文脉，在已开设百年百问课程、见贤思齐课程基础上，进一步深耕课程，开设校友课程、昆曲文创等课程，开展"家乡研修课程""一带一路，走向未来的主题课程"等，进一步拓宽格局，培植国际视野。

（3）以省级"十三五"课题"基于儿童立场的本道课程的构建与实践的研究"为引领，促使培小教师更为科学地认识规律，遵循规律，在科研中不走弯路、少走弯路。将常态工作当成成果开发，催生培本科研新模式，为提升办学品质助力。围绕课题开展研究5年之久，以项目导向为统领，以资源融入为抓手，以统整为路径，从碎片走向系统，建构课程建设的升级版，引领教师有效地参与课程建设，提升课程品质。

（4）课堂是学生成长的主阵地，课程建设离不开教师的发展，教师是学校课程建设的生力军，不论是国家课程校本化过程，还是校本课程的自主研发过程，都需要教师从传统单一学科教学转化到课程整体设计层面，需要教师突破边界进行合作研究，共同开发课程内容。教师改变，决定学生改变。如何以评价为导向，以课程评价为杠杆，撬动教师自觉主动改变，去创新课程实施与评价方式，从而使教师的课程领导能力得到整体提升，也是课程建设新的生长点。

学校课程理念确立与教育主张

美国哲学家、教育家杜威提出了"儿童中心主义"的教育原则,认为学校教育的价值在于能否运用适当的方法为学生创造不断的"生长欲望"。强调"教育在儿童本能生长方面的本质作用,提倡教育要遵循儿童生长规律,顺应学生发展的需要"。为此,我们提出学校课程要基于儿童立场,应为"人"的生长而诞生,为"人"的培塑而建构,为"人"的完善而统整。课程必须体现对国家教育方针的落实,体现学校办学理念的表达。

学校"向着未来蓬勃生长"的办学理念的核心是对每一个个体生命的关注。

"向着未来蓬勃生长"办学理念下的课程目标——让每一个生命绽放不一样的精彩!学校一切工作都要秉持办学理念,用学校愿景内化办学理念、用规章制度强化办学理念、用教育活动渗透办学理念、用课程建设践行办学理念、用师生行为体现办学理念、用学校环境彰显办学理念、用公共关系传播办学理念、用办学成就印证办学理念,从而实现学校办学理念内化于心——形成共同的价值取向;外化于形——塑造学校的办学形象;固化于制——成为全体教职工的行动指南;实化于行——关注每一个学生的健康成长。

我们坚信:在这里,我们吸收阳光、空气、水分、雨露,不断向上,健康成长;在这里,我们驰骋跑道,激扬生命潜能,释放个性,快乐生长;在这里,我们点亮未来,实现生命开放、生成和超越,绽放精彩。

立于本　成于道　行于术
——基于学校文化传承的"本道课程"的构建和实施

"文化自信，是更基础、更广泛、更深厚的自信"，它彰显新时代的灵魂，也是学校"强起来"的精神源泉、精神武器和精神脊梁。《论语》有言："君子务本，本立而道生。"创办于清光绪三十一年（1905）的昆山市培本实验小学，弦歌不绝，人才辈出，校如其名。回顾办学历程，培本的"本"字，已成为学校文化内涵的气质表达。为承继优良传统，更好地履行新时代育人使命，学校以课程为主抓手和立足点，进行"本道课程"的顶层设计和研究实践，其内在意蕴即"立于本　成于道　行于术"。

一、立于本——"本道课程"的逻辑起点

本，原意为树木的根，后发展为事物发生发展的基础，事物应然的本分，也是校名"培本"之"本"。培本固元，脉系本源，方能健行图远。好的教育，终究要回归初心，只有不忘初心，才能让教育回归本源；只有回归教育的本质，才能走得更远。这是"本道课程"建设的逻辑起点。我们所说的"立于本"，就是指让学校教育彰显教育之根本、儿童之本位和百年老校书院之文化本色，并以此作为"本道课程"建设的内生逻辑。

1.教育之根本：教育的根本任务，即立德树人

首先，既然"本"指根本、根基，那么办教育、做事情就要在根本上、关键处下功夫，唯其如此，才能根深叶茂，才能落实教育的根本任务——立德树人；其次，根要生长，长什么？"德行教化"，主张教育要培育儿童的

德行，让他们明白做人的道理。

十年树木，百年树人。木要成材，人也要成才。对于新时代而言，应树"社会主义事业的建设者和接班人"；树"德智体美劳全面发展的人"，树"有理想、有本领、能担当民族复兴大任的时代新人"。校园里培育着无数棵树，一片郁郁葱葱，这是生命的亮丽，也应是落实立德树人根本任务的培本样态。

2.儿童之本位：儿童发展核心素养培育

教育的终极目标在于人的发展。我国著名教育家陈鹤琴先生研究孩子心理，提出儿童有7种天性：好游戏的、好模仿的、好奇的、喜欢成功的、喜欢野外生活的、喜欢合群的、喜欢称赞的。诚然，儿童是具有独特价值尊严的个体，儿童是具有个人天赋无法替代的个体，儿童是具有成长天性的个体。教育应坚守儿童立场，从儿童出发，以生为本，以儿童发展为本，让每一棵树都长大，让每一个儿童都成才。遵循儿童小学六年身心发展规律，以儿童发展核心素养为方向与目标，用优秀传统文化浇灌，培育儿童生长的土壤，给予儿童文化营养、人文熏陶、行为训练、习惯养成、精神解放，促进儿童完整发展。

"中国儿童发展核心素养"是我国教育方针的具体化，明确儿童应具备的必备品格和关键能力，是连接宏观教育理念、培养目标与具体教育教学实践的中间环节。研究儿童发展的身心发展规律，考量国家需要人才的规格要求，顺应未来发展趋势，融合当地历史、文化，发掘学校和社区资源优势，由此，学校立足"培本"之"本"，从中国传统文化、昆山先贤思想、培本百年文化积淀中汲取养料，面向儿童的未来发展，创建以"本真灵动"为核心的"本道"教育特色理念体系，凝练出学校儿童发展目标的校本化表达：家国情怀、求真养智、健体澄心、循理尚美、实践创新，分别对应"德、智、体、美、劳"这五育。其中"家国情怀"是对昆山"三贤"思想的提炼和发展；"求真养智"源于我校"探索求知"的学风和"好学向上"的校风；

"健体澄心"是对学校30多年的特色体育办学思想的提炼和发展;"循理尚美"则源于创始校长徐梦鹰首创女校,求新尚美,遵循规律的理念;"实践创新"源于朱柏庐先生提出的"知行并进"育人理念的提炼和发展。这五大素养遵循儿童的成长规律,目标指向"培养有家国情怀、国际视野、人文底蕴的本真灵动少年"。

3.书院之本色,即学校精神文化建设

学校一直都是文化传承和思想发源的理想之地。我们立足校本,用温情和敬意传承弘扬先贤优秀文化。我校前身是玉山书院所在地,是昆山读书人的好去处。书院文化内涵丰富,博大精深,具有尚德、务实的学术精神,我们传统的书院文化哲学融入本道教育哲学中,明确从"书院—书香校园—新书院"的办学路径,让师生的生命扎根于传统文化的土壤。

中国现代著名的史学大家、教育家、思想家钱穆先生认为:"中国的传统教育制度,最好的莫过于书院制度。"书院教育承续儒家"修身、齐家、治国、平天下"的价值追求,着眼于"修身"和"修学"的统一,注重道德关怀,以成就道德人格为最终目的。特别是书院山长,更是学问大家,道德楷模,书院导师"以身垂范",达成"四有好老师"要求,彰显民族文化自信;书院加强教学空间与生活空间的同一性,提倡学、做、研紧密结合,师生通过长时间的共同生活、切磋学问,从而感情相容、精神相契、教学相长……书院处处彰显其独到的精神和灵魂。

基于此,我们明确书院本色的价值定位——以传承学校优良文化为责任,以弘扬民族精神为担当,以培育时代少年为使命;辉映当下,指向未来,促进儿童本真灵动、向上向善,焕发生命活力,实现全面发展、优化个性发展;促进教师博学多识、慎思笃行,发展教育智慧,创造职业幸福,书写精彩人生。

我们希望以儿童为中心,秉承书院底色,用优秀传统文化服务当下儿童的生命成长,达成立德树人的根本任务。

二、成于道——"本道课程"的内涵建构

道，由"首"和"辶"两部分组成，意思是一位首领与其追随者共同在找寻他们的道路，后发展为道是万物之源，具有生化万物的价值；道体现于万事万物，是万事万物的运行法则。伟大的道无声地涵育生养着万物，最深入人心的教育，无声地潜润着生命。潜润虽然无声，其力量却是巨大的。它会直抵生命的深处，成为生命成长的不竭动力。这是"本道课程"建设的价值追求。我们所说的"成于道"就是要依道而行，徜徉于中华传统文化中去探秘育人之"道"，立足于儿童核心素养培养去探索课程之道、成长之道。

1.大家论"道"

《论语》云："本立而道生。"教育不仅指向杜威说的"教育即生长"，还要生道，生办学之道，教师育人之道，儿童成长之道，带有价值导向。

《大学》有言："大学之道，在明明德，在亲民，在止于至善。"教育的至善境界，在于成就儿童的德行，让他们明白做人的道理，启迪我们办学之道——承续古代书院教育，承续儒家价值追求，注重修学与修身的统一，追求人格的完整和道德境界的升华。

《中庸》曰："尊德性而道问学，致广大而尽精微。"由学问及德行，于精微处见广大，中庸之道即为高明，着眼点在教育的德行与实践性。启迪我们为师之道——导师之所以成为导师，首先在于为学之法，贵有心得，治学之道，贵能垂范。学高为师，身正为范，教师的个人修养，应成为最好的课程资源。

《论语》曰："学而时习之，不亦说乎？有朋自远方来，不亦乐乎？"启示我们儿童生长之道——应注重儿童主体潜能的开掘，主张为学习主体提供自由而灵动的发展空间，让儿童在个性化的学习和实践中完成主体的发展。

纵观大家论"道"，告诉我们：道法自然，无论办学之道，还是为师之

道，儿童生长之道，都有其"内在和外在行为的规律、法则"，应回归教育的本然。

2.课程之"道"

课程是育人的核心载体，决定着国家的未来、民族的希望。我们提出的课程之"道"，一要遵循课程为社会发展培养所需人才的教育规律。学校课程承载着国家意志和教育理想，是落实立德树人根本任务的重要路径，是建构德、智、体、美、劳全面培养的教育体系的重要环节，也是学校开展教育教学的基本依据。"本道课程"建设秉承书院底色，倡导家国情怀，聚焦立德树人，传承文化、立足时代、面向未来，培养祖国未来需要的时代新人。二要遵循课程促进儿童个性与潜能发展的成长规律。学校教育应该面向全体、关注差异，尽量满足每一个儿童不同的、多元化的发展需求，尽可能促进每一个儿童充分挖掘自身成长的潜能，促进儿童全面而有个性地发展，办公平而有质量的教育。"本道课程"是以儿童发展为本的课程，必须为了儿童；是探寻儿童生命成长之道的课程，必须适合儿童；是探寻儿童发展之道的课程，必须发展儿童。为了儿童是前提，适合儿童是关键，发展儿童是根本。

由此，遵循课程之道，应当是本道课程的价值与目标落地生根的必然选择，应当是儿童核心素养需求下的系统行动。

基于中华优秀传统文化、学校优良的文化基因及儿童发展需求，本道课程内容已不再是简单的传统的知识结构，而是既传承优秀传统文化，又适合儿童未来发展的"本道课程"体系，其开发构建基于儿童立场：即了解儿童的需要，遵循儿童的学习生长之道，引领儿童的发展，这是课程体系的圆心。学校以"向着未来蓬勃生长"为理念，构建"本道课程树"，目前这棵大树上已经长出五个粗壮的枝丫，分别是立德课程群（自我与社会课程）；立智课程群（语言与思维课程）；立健课程群（运动与健康课程）；立美课程群（艺术与审美课程）；立创课程群（科学与探索课程）。基于核心素养的"五立"课程群，分别对应"德、智、体、美、劳"这五育，都包含基础型课程、拓展型课程、研究型课程。基础型课程是全体儿童必修的，着眼于提高全体儿童的文化素养和科学素养、支持学校内涵提升和特色发展的课程。各课程群中拥有丰富的拓展型课程、研究型课程，同时有必修、选修两种方式。

本道课程核心导向在于引领儿童"向下扎根，向上生长"。"向下扎根"是为了"立德"——在本道课程濡染和践行中"培养儿童对国家、对民族的高度责任感"等关键品格。"向上生长"——本道课程终极目标"树人"——培养儿童的学习力、实践力、创新力等关键能力；"向下扎根"越深，德之弥厚，凸显本真；"向上生长"越高，人之越美，彰显灵动。其目标指向在于立本生道，以课程名义和方式将立德树人任务落地生根。

3.成长之"道"

课程，是儿童对话世界、理解世界、融入世界的窗口，是儿童成长的跑道，是立德树人的载体。为了将立德树人的根本任务落细、落小、落实，学校搭建四维成长跑道，致力于达成儿童发展核心素养在自主学习、文化基础、社会参与三方面的融合与建构。

（1）儿童全面发展的"跑道"：学科课程

学科课程旨在通过遴选、整合、拓展等方式，对国家课程进行深度加工和再造，使之更加符合儿童、学校、昆山本土的特点和需要，着力探索国家课程指向学科核心素养的学习方式，选择与目标相匹配的教学策略，体现学科化、学期化和优质化，达到国家课程在文化基础方向上的融合与建构。学校结合学校和师生的实际情况来构建课程体系，进而把相应课程划分成周目标，同时创建相应的课堂教学模式和教学流程。目前，我校开发实施的学科课程有童真语文、思真数学、灵真英语、求真科学四类课程群系列，聚焦学科本质，实现学科内融合，回应时代要求，落实国家意志，促进儿童全面发展。

（2）儿童个性发展的"跑道"：校本课程

校本课程旨在以选修课程为载体，从儿童的认知特点与个性发展需求出发，鼓励儿童广泛涉猎，培养多种兴趣，突出前瞻性、活动化、系统化、多元化特点，最大限度地满足儿童个性发展需求的自主性课程，达到校本课程在自主发展方向上的融合和建构。目前，我校开发实施的有儿童自主选习的以学年为单位的走班选修课程，有跨年级走班选修课程，有各班儿童自主开发的、教师辅助、以学科和拓展型课程衍生出的PBL项目化课程三种课程形态。其中跨年级走班选修课程110门，覆盖全体儿童，每个儿童都能根据自己的爱好和已有基础，每学年选修一门选修课程，如创意童诗、十字绣、花样绳毽、艺术写生、典韵舞团等。常年开展十大专题教育系列和拓展型课程约20门，儿童驱动推进的PBL项目化课程7门，这两大课程体系中的选修课程是动态开放的，根据儿童需求和选修情况以及教师专长做一定调整。

（3）儿童传承文化的"跑道"：特色课程

特色课程旨在立足学校特色，依托培本实小的百年历史积淀和书院文化资源，面向儿童的未来发展及儿童自身发展需求，为全校儿童开发的课程，达到特色课程在文化基础及社会参与方向上的融合与建构。

历史传承类课程：源于"立德"课程群的以培本深厚历史为根基，依托玉山书院、石碑长廊等物型环境，固本培元的历史传承类课程，如"书院"文化课程、"三贤文化"课程、"传统文化经典"课程等，旨在让儿童通过读经典、读名著，在书卷间行走，使心灵获得成长。

成长仪式类课程：源于立智课程群包含的以建立文化自信为导向，依托三礼五节，进行文化浸润的成长仪式类课程，如在孔子诞辰日举办的一年级"开笔启蒙大家培小"入学礼、四年级的"童心飞扬感恩成长"成长礼、六年级的"童年拾光筑梦远航"毕业礼晚会以及每年举办的"科创节""健康节""尚美节"等，儿童在成长的重要节点上有了必要的仪式感，由此加深了对"德"之理解、对师之尊敬，将传统文化教育更生动地作用于立德树人根本任务的落实上。

社会实践类课程：源于五立创课程群中的以专长为导向，依托HAPPY城堡等，习得实践创新、关爱社会的能力和素养的社会类本道课程。5座本道HAPPY城堡对应"一馆两院两中心"（生活馆、文学院、科学院、体育中心、艺术中心），每周一次大课，儿童通过网络自主选课，走班上课，人人参与，侧重于儿童的社会实践和兴趣爱好。东西校区每周二、周五下午，100多个社团实践类课程同时开放，让课程有儿童，让儿童有选择。比如立健课程群包含的现代田径、足球、啦啦操及传统的武术、棋类、传统体育游戏等体育项目，旨在增进儿童的身体健康，培养儿童的意志品质和协作精神。再如，立美课程群包含的"昆曲文创""古琴演奏""衍纸红楼""童诗吟唱"等，传承经典，启迪智慧，提升审美力等。

（4）儿童必备品格的"跑道"——综合实践

综合实践活动旨在从儿童的真正生活和身心发展需要出发，通过儿童探究、服务、制作、体验等方式——主要以项目化学习为抓手，培养儿童的必备品格和关键能力，达到综合实践课程在自主学习、文化基础及社会参与三向上的融合与建构。

项目化学习是一个好的抓手，能让浮在空中的课程价值与目标落地生根、开花结果。这也是一个很好的平台，可以调动儿童、教师、价值、校外专家的群体合力；这还是一个好的工具，让课程能够看得见、摸得着，能够实时反馈，动态评价，适时促进。比如"立创"课程群中的现代"ETPS"探秘、"博物馆"研学、"一米农场"和"小培娃新冠PBL"项目及传统"二十四节气"、剪纸、食育体验等传统工艺，让儿童在研学中学习传统文化知识，在实践中习得劳动技能，传承传统工艺，修炼心性。再如综合实践"春日生长"，组织儿童在家种植、观察、测量、撰写日记、制作小书，最后由学校进行隆重发布。又如公益行动"废纸回收置换厕纸"，亲子互动，班级回收，学校称重记录，通报反馈，废纸回收两年，共回收了53312斤废纸，约保护400多棵树，不仅满足了校园内厕纸需求，还义务提供昆山市区一家社会公厕厕纸。在这些亲近自然、走出校园的活动中，儿童得到了身心的洗礼，感悟生命的美好，学到了书本外的知识，也长了见识，更把环保、生态、担当的价值观种进了孩子心里。

在课程建构中，我们感受到，传承，就是把珍藏的好东西拿出来发酵；创新，就是用最新的方法把古老的事情再做一遍。需要强调的是，无论是传承还是创新，都须依道而行，都是对国家课程的具体化落实和校本课程的特色化实施，都扎根于学校课程建设现状及师生的发展需求中，都致力于推动儿童全面而多样地生长。本道课程，帮助师生自我发现、自我规划，学会选择、学会负责，找到属于自己的幸福成长跑道。

三、行于术——"本道课程"的实践做法

《孙子兵法》说："道为术之灵，术为道之体；以道统术，以术得道。"课程实践亦如此。道是形而上，术是形而下的，是教育方法、实施策略，是行为手段，是课程实施的表达实践。在近年来的探索中，我们将书院文化、精神和制度与本道课程有机整合，"修身"和"修学"有机统一，逐步形成和发展出具有培本实小特色的课程实施范式，其要素和内涵主要包括：

1.视场景为"修身"场域

学校应如生态庭园般，拥有良好的自然氛围。我们以书院文化为内核，以童真童趣的视觉艺术来设计建设富有书院气、书香味的校园文化环境，从校园文化墙，到各处文化院落、楼名呈现方式、墙壁走廊，从室内到室外，园内到园外，都充盈着丰厚的中华优秀传统文化和现代文明，尤其精心建造了空间宽敞、设施先进、文化浓郁的书院文化课程活动区。以书院精神促进班级文化建设，精心设计和布置教室内外的文化环境，精心提炼班级公约、设计班名和班旗，开展班级文化活动。学校应是人文"家园"。本道桃李芬芳连廊、书院主题教育馆、文化展厅等的设置，形成了独有的环境浸润课程，让身处学校中的师生，有课程实施带来的文化"浸润感"，让身处校园中的儿童，从自身认知方面充分感受书院文化的厚重与独特魅力，在潜移默

化中受到熏陶和感染，更加以校为荣，不断向善向好。学校应是知识的"乐园"，让儿童处在开放的场域中，能自由地进行学、作、研的结合，我们有序开发8个激发"读"的书院式读书空间，体现"玩"的开放空间，注重"研"的未来教室、智谷少科院等，着重"练"的田径场、书法室等。此外还有会生长的一米农场、植物名片、会呼吸的路等。研、玩、读等皆是学习手段；习惯、规则、想象力等均可成为学习的动力，带给儿童真实的收获。

2.视课程实施为修学实践

一是儿童成为自我修学的主体。古时书院提倡讲学自由，学习以儿童自我修习为主，教师讲学指导为辅。我们认为，教师的"讲"不能代替儿童的"学"和"悟"。我们实施本道课程，汲取精髓并转化融通，相对于现代教学设计，古代书院更注重立足于儿童学习的"学程"。基于此，我们立足学程，就是根据儿童身心发展规律设计课程活动，让儿童亲历学习的过程。以"三贤讲堂"为例，在老师的辅导下，儿童们一起建构课程模块：研三贤、品三贤、思三贤、传三贤、画三贤、吟三贤等，一起挖掘先贤文化，编写纲要，一起走访亭林园、震川园、柏庐公园等，让儿童享有更充分的综合学习、实践探索和拓展研究的机会，使自主学习能力得到更充分的锻炼；让儿童在做中学、做中悟，去收获"天下兴亡，匹夫有责"的责任，"锲而不舍，自强不息"的精神，"胸怀天下，满腔爱国"的情怀。

二是教师垂范成导师。学高为师，身正为范，教师的个人修养，应成为最好的课程资源，成为课程开发的首席。我们成立了红杉林教师书院，立足课程，通过专家引领、课题研究等，开辟教师多元成长通道，建设优质课程团队。实施"灯下品茗"，写好专业阅读护照；用好"沙龙时间"，形成优秀伙伴团队；一起"相约周三"，开展校本研训课程；进行"岁末盘点"，落实成长追踪档案，让教师阅读经典、自我反省，反求诸己，不断锤炼，提升修养，在治学精神、为人处世方面成为儿童的榜样。

3.立足儿童生活，追求自然而积极的儿童成长样态

真正的教育蕴含在儿童的生活中，必须有儿童生命的真实经历。当教育者站在儿童立场，设计连接真实世界且符合儿童现实需要的学习任务，才能最大限度促发深度学习的产生；而深度学习的持续发生，则是对儿童立场最好的关照。为此我们弘扬书院精神，以锤炼优良品格、培育家国情怀、拓展国际视野为重点，策划和组织开展系列儿童活动。如阅读活动，我们以"让阅读像呼吸一样自然"为理念，开启午间30分钟的阅读专用时段，师生人手一本书，静静阅读，享受书香；开展"诵经典，明事理"活动，早上整班经典诵读，课前2分钟"三贤佳句"吟诵，放学吟诵《弟子规》《三字经》；组织书香节，为儿童提供节日般的阅读盛宴，让读书成为一种习惯。让学生形成有稳定特点的自动化的思维方式、行为方式，养成了好的阅读习惯，形成一种生存方式，生存方式最终影响一个人的命运。

为了让儿童更好地自我修学，我们统筹学校、家庭和社会三方的合力，将学习空间和生活空间全面打通，让课程内容的整合融通以及课程资源多源贯通：结合学校30多年体育特色，开发"争金夺银我能行"常规评比活动，每周一汇总，国旗下颁发金、银、铜牌。聚家长之力开发"桂花树下"家校共育课程；聚校友之力，开发玉山书院主题活动资源；聚社会之力开发社区、跨单位共建资源，与社区签订共建协议，与妇幼保健所结盟，与昆山杜克大学开展校际交流等。借用CCTALK云平台，开设云课堂；借用"智慧昆山"App，开展"小培家庭秀"。在校公众号定期向儿童推送微课程"见贤思齐""小培诗语"等，儿童自主创编童诗、录入童诗……孩子在学习过程中、各种经历中，均可随着各种相遇，完美生成各种属于他的课程，通过课程学习，拥有实现自我、成功生活与融入生活的最关键能力与人格特征。

4.关注学习经历，建立评价体系

主要实施展示性评价和奖章激励评价两种策略。展示性评价分三类。一是以本真秀、灵动秀、梦想秀等为舞台，由儿童现场投票，少先队颁发证

书，每周活动一次。二是以养成教育为重点，对三份存折、点赞卡、阅读飞翔、培本之星排行榜等事项，每月发布一次。三是每学期一次举行本道课程嘉年华，儿童投票评选校级十佳社团。

奖章激励性评价，以研发本道课程评价树为抓手，立足核心素养，设计10枚课程奖章，制定争章细则，兑换地图，开发特色文化奖品，颁发"本道成长奖章"。儿童将平时积累的奖章可通过"真真银行"存储，满10枚奖章，获得一枚培本银章，满20枚成长奖章获一枚培本金章，也可通过"灵灵超市"换购学校本道文化特色奖品，持续积聚成长力量。

不忘本来、吸收外来、面向未来，本道课程建设，犹如一条探索生命旅程的跑道，它与传统的文化紧密相连，与儿童的自我生活息息相关，与他人的成长彼此温暖，与自然世界同生共长。它的每一个枝丫都朝向阳光，朝向儿童生活，朝向儿童的全面发展！

（撰文者：陈惠琴）

参考文献：

[1]崔允漷，雷浩.优质学校课程建设的专业规范[J].人民教育，2019（13~14）：37~40.

[2]陆锋磊.重新发现"书院"传统的现代教育价值[J].人民教育，2018（02）：60~62.

[3]冯建军.立德树人的时代内涵与实施路径[J].人民教育，2019（18）：39~41.

课程，让我们看见教育的美好
——昆山市培本实验小学
"基于儿童立场的本道课程构建与实施"

摘　要：基于儿童立场的本道课程的构建与实施，其课程理念为"让每个生命蓬勃生长"。课程育人目标为"培养本真+灵动的未来公民"，课程内涵为"立足核心素养，构建本道课程树，创设特色课程群"。课程通过多措护航，全面深入课题研究，营造本道文化场。培本实验小学的本道课程构建与实施，多元评价均体现了儿童立场、本道文化在学校课程建设中的核心作用。

关键词：儿童立场；本道课程；课程构建；课程实施

一、儿童立场与本道课程

立场，指认识和处理问题时所处的地位和所抱的态度，与"角度"的差别是立场更加宏观。而儿童立场，即依据儿童心理需求，联系儿童已有经验，遵循儿童思维规律，从儿童本位出发。

20世纪初，美国教育家杜威的儿童本位论提出，要对儿童的认识不断更新，从无视儿童到发现儿童，再到相信儿童。他认为儿童是探究者，需要呵护，智力是由多维构成的，教育者之儿童立场，态度更加鲜明。

儿童文学家、教育家陈伯吹先生也提出"善于从儿童的角度出发，以儿童的耳朵去听，以儿童的眼睛去看，特别以儿童的心灵去体会"的儿童立场。

近几年，特别是成尚荣先生，一再坚持和倡导让儿童研究走在教学的前面，让儿童研究走在课程研究的前面。在新时代教育专家的召唤下，儿童立场及教育历程应运而生，儿童立场的观念得到公认。对学校来说，也唯有从儿童的角度出发，真正坚守儿童立场，遵循生命成长规律和教育规律，始终把学生置于核心位置，把握住"人"这一最为重要的"本"，方能获得持续发展，办好人民满意的教育。

基于儿童立场，学校通过梳理百十年的办学之路，找到一个字"本"，"儿童本位，家国本体，精神本色"，正是培本之本。基于对学校历史、当下和未来的联通，学校因此确立"大家培小"的办学方向；基于对教育本质的理解与回归，学校确立儿童生命本位，人的成长之道的路径；基于对传统中国文化的基础与弘扬，学校树立"君子务本，本立而道生"的观念，立本生道应该是教育的根本使命与追求。由此培本实验学校提出"大家培小、立本生道"的办学理念，确立"本道"二字为学校发展的核心文化名片，提出了本道教育，立足学校的特色和文化，围绕"本道"进行研究。

学校围绕本道教育制定并申请了省级立项课题"基于儿童立场的本道课程的构建与实践"的研究。本道课程的核心理念为"让每个生命蓬勃生长"，突出一个核心目标为"培养本真+灵动的未来公民"，课程内涵为"立足核心素养，构建本道课程树"。

二、本道课程体系的构建

（一）寻根溯源，确立课程理念

《论语》有言："君子务本，本立而道生。"创办于清光绪三十一年（1905）的昆山培本实验小学，弦歌不绝，人才辈出，校如其名。回顾办学历程，培本的"本"字，已成为学校文化内涵的气质表达。为承继学校优良传统，更好地履行新时代的育人使命，学校以课程为主抓手和立足点，确立了"本道课程"顶层设计，通过课程构建与研究实践，让学校充满活力。立足课程，创新模式，特色创优，示范引领，学校也获批2017年苏州市特色课程基地。

本道课程中，"本道"二字蕴含丰富内涵："本"即本真，要守本真，就要保持一颗爱心，其次做事讲究规范，所以本真的底色，提炼出两个关键词，即热爱+规范。"道"既代表道路，也代表方法智慧，还可以指跑道，具有灵动的意象，灵动的特征，我们提炼出两个关键词，即智慧+健康。"本道"即"本真+灵动"，"本道"教育的核心就是要坚守本真底色，追求灵动个性。同时构建培本文化树。这里的五个枝干分别代表培本学子校本化的五个核心素养。比如"家国情怀"是对昆山三贤思想的提炼和发展；"健体澄心"是对特色体育的提炼和发展等。围绕这棵文化树，构建了本道文化体系，明确学校育人目标，包括两个一级目标：本真、灵动；五个二级目标：家国情怀、求真养智、健体澄心、循理尚美、实践创新。用本道串联学校发展逻辑，让"本道教育"落户培本，努力打造美好教育新样态。

课程是立德树人的载体，是培养学生核心素养最主要的抓手。"本道课程"是体现儿童生命本位的课程，必须"为了儿童"；是探寻儿童生命成长之道的课程，必须"适合儿童"；是探寻发展之道的课程，必须"发展儿童"。为了儿童是前提，"适合儿童"是关键，"发展儿童"是根本。这是"本道课程"的价值追求。基于儿童立场的"本道课程"，是一种适合学生整体、多元发展的课程体系，其核心特质指向于"本真+灵动"，其价值取向指向核心素养，让课程源于学生生活、融入学生生活、创造学生生活，使课程变成学生喜欢的样子。

学校以"让每个生命蓬勃生长"为课程理念，以"家国情怀、求真养智、健体澄心、循理尚美、实践创新"培本学子五大校本化核心素养的培育为宗旨，积极构建"本道课程树"，它深深根植于学校深厚的历史文化土壤中，国家课程是其主干，本道校本课程、地方课程是其枝叶，由此实现国家标准与儿童需求的融合共生，真正指向核心素养，关注生命成长。

（二）共筑圆心，确立课程体系

形成以基于儿童立场的本道课程体系，自然离不开课程构建、实施及评价。它们形成一个整体，相互促进、互相反馈调节，相辅相成。本道课程的开发构建要基于儿童立场，即了解儿童的需要；遵循儿童的学习生长之道；引领儿童的发展，这是课程体系的"圆心"。学校构建了本道课程体系，其中国家课程是主干，本道校本课程、地方课程是枝和叶，力求国家标准、地方要求和学校追求的融合共生。课程实施以儿童为主体，不拘形式，活泼多样。课程的评价也是多元化，体现儿童本位。课程的构建、实施及评价都统整在"儿童立场"这一前提下，形成一个系统，并不断循环、反馈、调整。

1.国家课程整合深化——指向优质学科育人

通过调查问卷，结合理论学习，明确了本道课堂的六个特征——善于观察、学会倾听、常常激励、耐心等待、智慧引领、共同生长，并在实验中推进，建构教学模式。探究国家课程校本化实施，尝试课程内容统整探索。

2.校本课程多元开发——指向儿童成长需求

学校以本道儿童为圆心，立足五个素养，构建三类课程群，分别是以培本深厚历史为根基，依托玉山书院、石碑长廊等物型环境，固本培元的历史类本道课程；以建立文化自信为导向，依托三礼五节，进行文化浸润的文化类本道课程；以专长为导向，依托HAPPY城堡等，习得实践创新、关爱社会的能力和素养的社会类本道课程。三类课程目标指向社会参与、文化基础和自主发展三个维度，力求实现本道儿童的全面发展。

本道课程核心导向在于引领学生"向下扎根，向上生长"。"向下扎根"是为了"立德"——在本道课程濡染和践行中"培养学生对国家、对民族的高度责任感"等关键品格。"向上生长"——本道课程终极目标"树人"——培养学生的学习力、实践力、创新力等关键能力。"向下扎根"越深，德之弥厚，凸显本真；"向上生长"越高，人之越美，彰显灵动。其目标指向在于以课程名义和方式将本道教育哲学、立德树人任务落地生根。

三、本道课程的实施

（一）学校聚力创新，丰富课程内涵，立足核心素养，创立课程品牌

1.国家课程高效落实——让"本道课程树"傲然挺立

学校努力探寻国家课程的校本化实施路径，尝试进行课程内容的统整，使其更适合于学生的实际需求。精心打造本道课堂，进行"教与学"的策略研究，明确了本道课堂的六个特征，即善于观察、学会倾听、常常激励、耐心等待、智慧引领、共同生长，据此建构相应的教学模式。学校还尝试实施翻转课堂，通过微视频等，突破学习重难点，让学生学得愉悦而高效。

2.校本课程特色实施——促"本道课程树"枝繁叶茂

历史本道课程。结合学校前身玉山书院、昆山三贤堂的历史和文脉渊源，学校开发了"玉山书院文化""三贤"文化、"传统文化经典"类的历史本道课程，并编制了系列本道历史校本教材，包括《百年培本》（低中高系列）、《百年培本——画册（校友钱笠）》等。分年级使用校本教材，分类设计教学方式，分级安排课时总数。

文化本道课程。孔子诞辰日举办的一年级的"开笔启蒙大家培小"入学礼（开笔礼）、四年级的"童心飞扬感恩成长"成长礼、六年级的"童年拾光筑梦远航"毕业礼晚会以及每年举办的"科技创想节""健康体育节""尚美艺术节"等，均指向培本学生的五大核心素养，凸显本道文化特色。

社会本道课程。五座本道HAPPY城堡对应"一馆两院两中心"（生活馆、文学院、科学院、体育中心、艺术中心），每周一次大课，学生通过网络自主选课，走班上课，人人参与，侧重于学生的社会实践和兴趣爱好。东

西校区每周二、周五下午，100多个社团同时开放，让课程有儿童，让儿童有选择。此外，学校还开设了小培蒲公英生长吧，包括试试吧、议议吧、秀秀吧、兑兑吧等。为配合校本课程的实施，学校在课时安排方面大胆改革，实行"基础课时"（40分钟）、"大课时"（60分钟）、"微课时"（5或15分钟）、"加长课时"（90分钟）等长短结合，为学生开展活动提供便利。

3.凝聚合力促进发展——为"本道课程树"培土筑基

培本人致力于办没有围墙的教育：聚家长之力，开展基于"大家培小"的家校合作系列行动，打造"桂花树下"家校合作教育品牌；聚校友之力，开发"玉山书院"主题活动资源，编写多本校本教材；聚社会之力，开发社区、跨单位共建资源，如与市妇幼保健所结盟确定三年"医教结合"项目，与昆山杜克大学、加拿大国际学校开展校际交流，与西部格桑花助学牵手，开展青海玉树藏族地区学生联谊活动……学校还开发了"互联网+玩转创意"本道课程活动系列，借用"智慧昆山"App、CCTALK云平台，形成品牌，辐射万户千家。

（二）多项措施护航，给予坚强保障，全面深化改革，营造本道文化场

学校构建了强大的本道文化场，使一切教育教学行为都凸显儿童立场，既为课程改革提供了坚实的保障，也使学校的办学特色更鲜明，教育改革更全面、更深入。

线上线下两种路径。一是依托线下"玉山书院主题教育馆"实施历史本道课程系列；二是依托"蒲公英生长吧"实施文化类本道课程系列；三是依托线上"HAPPY城堡"实施社会类本道课程系列。主要是通过五座城堡，指向五个阵地，发展五类素养。学生通过网络自主选课、走班上课、人人参与，每周二、周五下午全面集中展开活动，每位教师定班教学最擅长的课程，2952名学生走班选修感兴趣的100多个社团、20多个品质课程。个性化课程，既带给学生享受当下校园生活的自由与快乐，又促进孩子们形成适应未

来社会发展所需的必备品格与基本能力，让学校成为其一生最留恋、最值得回味的温暖记忆。

雅致环境润物无声。本道桃李芬芳连廊、书院主题教育馆、本道文化展厅等的设置，形成了独有的环境浸润课程，让学生在潜移默化中受到熏陶和感染，以校为荣，向善向好。

专家名师权威领航。学校通过"市校合作"项目牵手南师大专家团队为教师助力，课程建设得到了江苏省教育学会杨九俊会长、南京大学教育研究院吕林海教授、江苏省小学语文特级教师杨新富等的指导和支持。

优秀团队携手同行。学校着力打造一支敬业奉献、勇于创新、极具发展潜力的师资队伍。以红杉林教师学校为载体，立足课程，以研为本，通过专家引领、课题研究等，开辟教师多元成长通道，建设优质课程团队。引领教师实施"灯下品茗"，写好专业阅读护照；用好"沙龙时间"，形成优秀伙伴团队；一起"相约周三"，开展校本研训课程；进行"岁末盘点"，落实成长追踪档案，让教师在反思中走向未来。

四、本道课程的评价

在本道课程的研究推进过程中，同步推进评价的持续研究。在课程评价中，基于儿童的立场则体现在，儿童既可以是评价的对象，也可以进行自我评价。评价对课程的构建、实践都有着反馈和调整、促进的作用。通过评价，可以提高课程活力和效益。

（一）本道课程的评价内容

基于儿童立场的本道课程的评价目标从知识和技能，转化为对学生核心素养养成的评价。同时，关注过程性评价，围绕从学生的情感、态度、思维、价值观等从培本学生五大核心素养——家国情怀、求真养智、健体澄心、循理尚美、实践创新维度，设置合理、恰当的评价标准，并考虑评价的可操作性、科学性。

1.学生过程性评价

学校要求教师对学生在参与课程的过程中，做好平常的记录，过程性表现占50%，期末的本道课程展示占30%，其余20%为学生延伸到课程之外的表现，可以根据所参加的社会实践类活动，或者参加相关课程的证书等来体现。

2.教师课程设计评价

学校要求课程的实施者（教师）根据课程的目标，结合自己课程的特点，采取不一的形式，展示课程实施过程中的成效，一般为期末的本道课程汇报和展示。由课程参与的学生和学校课程考核小组，进行对课程的双重评价。期末课程负责教师制作课程展板，让学生进行贴章评比，选出我最喜欢的"校级十佳课程"，学校进行公布和表彰。

（二）本道课程的评价原则

学校构建基于儿童立场的本道课程，建立在儿童立场的基础上，因此，课程的构建和实践，离不开教师和学生的评价参与。课程给予学生、教师自我评价的机会，促进师生共同对课程开展的回顾和反思。同时，学校、教师和学生，共同制定和设计科学的、可操作的评价标准和评价工具，需要坚持以下原则。

1.坚持多元性评价

儿童是课程的主体，基于儿童的立场，体现儿童的视觉，就需要评价形式不能单一，要多元性，如活动实践、作品汇报、表演展示等。评价方式也要多元，如自我评价、教师评价、同学互评、家长评价等。评价的时段也可以多元化，如单元评价、中期评价、期末评价等。

2.坚持赏识性评价

以前的评价往往是期末的一次测试或者展示就结束了，这样的评价还体现不了发展性评价。学生发展性评价主要采取赏识性评价。以肯定学生的进步为指向的评价，关注学生参与课程过程中的情感状态、思维状态、心智状态等，做出充满激励性的评价，引领学生的发展。

3.坚持全面性评价

所谓全面性评价，是指课程构建与实施中，评价不能单一，不只是教师评价学生，还可以学生自我评价、学生评价课程。学校对教师的课程设计能力也要进行评价，关注课程实施的过程。

（三）本道课程的评价策略

本道课程主要实施展示性评价和奖章激励评价两种策略。

一是展示性评价策略，形式有三种。①以本真秀、灵动秀、梦想秀等为舞台，由学生现场投票，少先队颁发证书。每周活动一次。②以养成教育为重点，对三份存折、点赞卡、阅读飞翔、培本之星排行榜等事项进行评价，每月发布一次。③举行本道课程嘉年华，学生投票，评选校级十佳，每学期一次。学校希望通过多种形式，引领学生主动参与课程，感受课程美好。

二是奖章激励性评价策略，以研发本道课程评价树为抓手，立足核心素养，设计10枚课程奖章，制定争章细则，兑换地图，开发特色文化奖品，颁发"本道成长奖章"。学生平时积累的奖章可通过"真真银行"存储，满10枚奖章，获得一枚培本银章，满20枚成长奖章获一枚培本金章；也可通过"灵灵超市"换购学校本道文化特色奖品，持续积聚成长力量。

综上，培本实验小学"本道课程"建设的维度已逐渐清晰：本道特色文化环境建设——以校为本，润泽悟道；国家课程实施策略研究——以学为本，敏而求道；本道校本课程开发实施——以生为本，素养明道；本道课程评价体系创建——以创为本，实践行道；家校合作行动机制建立——大家培小，合力生道。自2017年10月课题实施以来，"本道课程"的研究与构建已取得了阶段性成果，学校编写了低中高年级的本道校本教材，包括1~6年级的《大家培小——我们一起写童诗》《见贤思齐——听老先生说三贤》《立本生道——我们一起写家书》，形成了本道"三礼五节"系列活动汇编、本道"玩转创意"系列案例汇编和本道课程研究论文集等。未来，"本道课程树"将更加生机勃勃，它的每一个枝丫都朝向阳光，朝向儿童生活，朝向儿童的全面发展！

（撰文者：陈惠琴　王　燕）

立本生道，积蓄学校蓬勃生长之力
——昆山市培本实验小学
"本道课程"文化建设的探索和实践

摘　要：课程文化建设是学校内涵发展的主要途径和重要载体。昆山市培本实验小学基于提升学校办学品位的迫切需求，立足在学校300年文脉相传、百余年新学文化传统的当口，以聚焦立德树人，致力于课程育人，以本道文化串联学校发展逻辑，以先贤优秀文化为本，循学生、学校、教师和谐发展之道，以课程为依托，努力追求培本办学品质最优化，通过"本道课程"的构建，促进学生健康成长，为积蓄学校蓬勃发展之力积极探索和实践。

关键词：本道文化；儿童立场；立本生道

玉峰山下，望山桥畔，一条悠悠的小河静静流淌……300年前朱柏庐先生曾在此开设玉山书院，传经讲道，洋洋洒洒的《朱子家训》吟诵至今；200余年前有识之士为纪念顾炎武、朱柏庐、归有光在此新建"三贤堂"，百年文脉不息于此；115年前，同盟会会员徐梦鹰先生在此举办新学，开创女子求学之先风；时值当下，昆山市培本实验小学优秀的文化传统，历代先贤优秀思想已成为每一个培本人珍贵的文化基因，不断激励一代代培本人培基固本，创新发展。特别近30年间，在历任校长、老师的辛勤耕耘下，学校的发展日新月异，业绩突出：先后被评为"国家级体育传统项目学校""全国优秀少先队集体""江苏省文明单位"等。

寻历史渊源，深挖学校文化之根

人有人格，校亦有校品，每一所学校都散发着独特的气质，它是在学校长期发展的过程中不断沉淀的浑厚内力，它在不知不觉中影响着学校的发展和师生的气质，实践证明，一所善于挖掘学校历史渊源，从而寻求适应学校独特发展之道的学校，必定是一所优秀的学校。因为找到了这种历史渊源，就像百年老校另一种形式的自然生长，但是假如一所百年老校不适应时代的发展，不去改革和发展，那么百年老校也就只不过是"曾经的辉煌"，成为历史的标志和教育精神的标本而已。所以找到学校历史渊源，深挖学校的文化之根就像找到了学校发展之魂。成都草堂小学、南京北京东路小学、常州局前街小学都是走的这样的寻根之路，从而找到学校发展的"内核"。

那么培本的文化之根又在哪里呢？在百余年学校发展的轨迹中，哪些是值得我们好好品味慢慢咀嚼的？哪些是需要我们逐步完善和不断优化的？那就先从学校的校名开始，培和本就值得好好斟酌一番！

当初的教育者在办校之初到底要"培的是什么"？而我们的教育的"本"又在哪里？当初的徐梦鹰先生可能只不过想让那些"无才便是德"的女性识几个字、懂得一点道理而已，可在当时却是一大创举，开女子读书之先河，这需要怎样的一种勇气和创造力？而这种勇气和创造力又值得我们后来者怎样去膜拜和敬仰！1984年学校只不过了能有一个特色创办了体育班，殊不知连续夺得苏州市小学生田径运动会十连冠，全国体育先进就两个，培养的体育班学生为省市乃至国家夺取冠军不计其数，一直坚持到今天又已经30余年，30余年坚持就是一种奇迹！当时没有宿舍，师生们就铺一张草席睡在教室里，寒暑往来每天早晚两小时的训练，又需要怎样的一种毅力？比赛场上"更快、更高、更强"的体育精神不断激励着培本体育健儿屡获佳绩。

经过不断梳理，我们越发清晰，培本之"本"，就是"儿童本位，家国本体，精神本色"；"本"即本真，要守本真，首先就要保持一颗爱心，其次做事讲究规范，每一个培本人都要有本真的底色。培本之"培"，其实就是一种"道"，"道"既代表道路，也代表方法智慧，还可以指跑道或轨道，具有灵动的意象，灵动的特征。自然而然，"本道"两字就凸显出来了，学校提出"大家培小、立本生道"的办学理念，确立"本道"二字为学校发展的核心文化名片。经过全体教师几上几下的研究探索，邀请专家几进几出地把关锤炼，终于形成了学校的本道文化体系，明确了学校育人目标，包括两个一级目标：本真、灵动；五个二级目标：家国情怀、求真养智、健体澄心、循理尚美、实践创新。用本道串联学校发展逻辑，让"本道教育"落户培本，努力打造美好教育新样态。"本道"即"本真+灵动"，"本道"教育的核心就是要坚守本真底色，追求灵动个性。比如"家国情怀"是对昆山三贤思想的提炼和发展；"健体澄心"是对特色体育的提炼和发展等。

遵儿童本位，引领儿童蓬勃生长

在一个人社会化的进程中，特别在小学阶段，学校为其确定怎样的发展目标，提供怎样的"营养"和帮助，与学生的当下乃至今后的发展关系极大，儿童必须站在学校正中央，尊重、引导、释放儿童天性，促进儿童自主发展应是我们实施课程改革不变的追求。也就是说，小学阶段，我们必须顺应儿童的发展需要，遵循儿童的成长规律。正视儿童的天真本性是应然之道，即站在儿童自我需求和自我发展的角度，让儿童自主地认识、选择课程并主动、积极地体验课程内容，从而获得适合的成长。基于"儿童立场"，就是从三个维度去解读：遵循儿童的学习生长之道；了解儿童的需求；引领儿童的发展。

正是基于这样的思考，培本实验小学在"让每个生命蓬勃生长"的办学理念的引领下，尝试从儿童的天性、需要和兴趣出发，基于儿童立场，建构多元、开放、可选择的自主发展的本道课程体系，为儿童自由自主的发展提供支持和保障。

主要做法有以下三点：一是课程源于孩子生活，一些学生绘画、书法很出色，学校不仅为他们举办书画展，让学生现场观摩，还成立书画工作室，让他们当导师。二是课程融入孩子生活。"听老先生说三贤""钢琴音乐会""创意童诗社""灵动秀""创想节""书香节"等生动活泼的课程形式成为孩子生活的重要组成部分。三是课程创造孩子生活，"幸福厨房""职业体验""摄影达人""轻松发明俱乐部"等社团课程为孩子创造了崭新的生活形式。100多个社团让学生自由选择，在活动中我们感受到只有遵循儿童的学习成长之道，在了解学生真正需求的前提下，才能引领学生自由发展健康成长。

借课程之力，促进学校内涵发展

学校以课程为依托，通过"本道课程"的构建，促进学生健康成长。基于儿童的立场，就要求必须建立起一个适合学生整体、多元发展的课程体系，其核心特质指向于"本真+灵动"，其价值取向指向于让课程源于孩子生活、融入孩子生活、创造孩子生活；指向核心素养，关注生命成长。学校以开放式实施为抓手，形成多元课程形态，让课程变成学生喜欢的"样子"。"本道课程"建设，期望带给学生最大的变化是让学生感受到自主学习的乐趣，思维更加活跃，对待事物有自己的见解，个性得以张扬。

"本道课程"的建设与实施，依托三大课程群形成主体框架。其一，历史本道课程——学校把"本道教育"关键词提炼为"本真+灵动"，提出"让每个生命蓬勃生长"，而要蓬勃生长自然离不开深深"扎根"。结合学校前身玉山书院、昆山三贤堂所在的历史和文脉渊源，开发"玉山书院文化""三贤文化""传统文化经典"的历史本道课程。其二，文化本道课程——基于人的全面发展、学校的办学理念，结合培养学生的五大价值取向，依托学校的"五节三礼"等制定文化本道课程。其三，社会本道课程——从儿童的认知特点与个性发展需求出发，最大限度地满足儿童个性发展需求的自主性课程，即社会本道"HAPPY"课程。该课程下面有"一馆两院两中心"（生活馆、文学院、科学院、体育中心、艺术中心），两个校区108个社团，每周一次上大课的时间（80分钟），侧重于学生的社会实践和兴趣爱好，让课程有儿童，让儿童有选择。

我们挖掘各专用场室的功能潜力，建立一个有亲和力的文化场，让课程生长在儿童的生活和行动里：

研——未来教室、校史探究，研究小树做名片；

玩——灵动秀、梦想秀、涂鸦墙、二十四节气；

读——阅读空间、读书馆、童诗廊、诚信书吧；

练——田径场、古韵书法室、击剑室、射击场、小培安全馆、绿叶电视台；

……

还有会生长的一米农场、鹿鸣廊道、有故事的树、会说话的电子班牌、植物名片、会呼吸的路等。

学校希望在这里，玩、读、动、静、成、败、得、失皆是学习手段，习惯、规则、关系、好奇心、想象力、原问题等均成为学习的起点，随着各种情境的相遇，完美生成各种属于学生的课程，通过课程学习，拥有实现自我、成功生活与融入生活的最关键能力与人格特征。

蓬勃是一种健康的姿态，是一种自然而优美的成长，而身处在"本道教育"中每一位学生就像一棵棵小树，迎着阳光健康快乐地生长，最终长成栋梁之材；培本的学生又像一汩汩的溪水，流淌进"培本的小河"，最终奔向大江大海。有人说树是美的，因为它挺拔而向上；还有人说水也是美的，因为它最纯净而灵动，而我们作为教育者，唯一能做的就是给他们积蓄生长之力。

（撰文者：陆　伟）

基于学习力发展的微课程的开发

　　什么是学习力？百度百科的解释是：学习力是指一个人或一个组织学习的动力、毅力、能力的综合体现。未来是知识经济时代，竞争越来越激烈，传统的死记硬背的学习方法将不能满足激烈的竞争需求，因此未来的竞争在于学习力！未来学家埃德加·沙因曾经说过："未来的文盲不再是不认识字的人，而是没有学会怎样学习的人。"如何培养和发展教师和学生的学习力？如果把学校看作一个"生命体"，那课程就好比"传递主要生命物质的血液循环系统"，是每一所学校运行的轴心和品质的基础。因此，我们的思考是以学校"本道课程"为基础，让一线青年老师参与到微课程的开发中。在课程开发的实践过程中，注重思考、感悟学习力的培养，帮助学生个体成长，同时也助力教师个人的成长。

　　下面就以几个案例，尝试简析我们是如何在微课程的开发中发展师生的学习力的。

案例一：魔法种植园——劳动体验课程

　　魔法种植园最初是我校红领巾社团的一项活动。在活动中，参与的孩子可以动手种地、收获成果，经历植物从种子到果实的整个成长过程，因此受到老师和孩子们的欢迎。我们在实践中也一直在思考这样的问题：这样的活动的确能提高孩子们的实践动手能力，能培养孩子们的劳动意识和劳动光荣感，但这样的活动对孩子们学习力的培养有没有帮助呢？如果有，我们是否能够推动一下，让孩子们在从事自己喜欢的社团活动的同时提升自己的学习力，以活动促学习，学习活动两不误。这样的效果不仅能得到孩子的欢迎，还能得到老师和家长的认可与支持。

基于这样的出发点，我们制定了以下目标与内容：

（1）通过引导学生对魔法种植园种植内容的确立、方法的选择、项目研究团队的组合等环节，培养学生的6项"多元才能"。

（2）以学生项目研究小组为单位，在确定种植计划、种植土地的丈量规划、种植数量的预估、植物生长的观察记录之后，再进行植物的再加工，并对自己的学习过程进行收集整理，形成报告文字或活动图片等活动，培养学生的12项"核心能力"。

（3）在学生的实践过程中，形成主题活动资源包，形成具有校本特色的活动模式。

该课程小组的研究过程分为以下四个环节。

1.用心组队——培养学生团结合作的组织能力

魔法种植园的组成来自学校四五年级的各个班级的孩子们，抱着相同的兴趣爱好他们聚集在一起。在组队过程中，孩子们会经历挑选人员、挑选组别、选举组长、为小组起名、制作小组名片等环节。在这些组队的环节中，原来不认识的孩子认识了，原来不熟悉的孩子熟悉了。在团队一次一次的活动中，孩子们锻炼自己的表达能力、交际能力、协调能力，以及包容、悦纳他人的能力。

2.用脑策划——培养学生知识整合能力和策划与决策能力

种植活动的开展需要一定的策划和前期的学习。特别是对于小学生来讲，他们没有丝毫种植的经验。因此，势必需要他们先进行种植知识的学习和普及。这样就需要孩子们自发地运用身边的学习资源：家长经验、书籍查阅、网络学习……在一系列的学习活动中，孩子的各项学习能力也在不断积累，整个过程也是从书本的抽象知识转变为实践知识的迁移过程。

3.用行丈量——培养学生的动手能力

种植最初需要对种植园的土地进行丈量分地。孩子们在小组内进行分工，划分大小，摸签确定。在这个过程中，孩子们会运用到学习过的数学知识，同时，也在学习对事情的统筹安排。各项目小组实地丈量分地，进行土地的深翻，更是对孩子们体能的一次极大挑战。孩子们在种植的开始就已在锻炼其动手能力。

4.用眼细看——培养学生敏锐的观察力

观察是人们在认识中有目的、有意识地对事物和现象进行感知、描述和记载的方法，是获取科学事实最基本的方法和手段之一。孩子们在种植的过程中学会如何选择观察、如何去观察、如何整理观察资料，在这一连串过程中，学生通过直接体验，积累对自然现象的感性认识，培养对事物进行科学观察的能力和习惯。

在种植活动中，学生可以了解认识很多蔬菜，了解一些常见蔬菜的名称、长相、生长特点等。也知道了种植的一般流程，需要平整土地、播种、浇水、施肥、除草、防虫、收获等环节以及实施这一环节的技术要求。此外，他们还能在老师的引导下学会正确的观察方法，种植箱中的植物就会给学生提供很好的素材，让他们逐渐掌握"由远及近，先整体后局部"的观察方法。

我们要比较全面地了解一种植物，需要按植物生长的过程做长期的观察。因为植物在自然界中发育、成长、开花、结果直至衰亡，各个时期的形态是不相同的，让学生记好观察日记，一方面可以提高他们的观察能力，另一方面还能延伸教材探究内容，让学生学会用科学的方法了解生活。为了更好地观察植物的生长情况，教师可以让学生设计观察记录表，将观察内容记录在表格中，这一实践会让学生的观察能力和实践能力有很大提升。

在魔法种植的微课程学习中，学生学习与人合作，学会如何收集处理信息，学习在观察中思考、发现和想象，学习通过多种途径解决问题，提高发现问题和解决问题的能力。这样的微课程学习最大限度地为发展创新思维和实践能力提供了空间，学生的观察表达能力有了明显提高。大多数学生掌握了常用观察方法，能够具体地描述植物的生长情况及自己的真实感受。学生在观察中发现、思考和想象，这样的学习为学生积累了丰富的写作题材。同时在参与管理的过程中，学生感受到了劳动的艰辛，增强了责任心。

案例二：思维导图——学习技巧课程

负责此课程的王老师是学校的一名骨干数学老师。她在平时的教学过程中发现孩子对课堂上的知识容易前学后忘，也不太会举一反三，同时对数学概念的记忆有困难。因此她也在不断反思自己的教学：是否是教给孩子的知识是零散的，缺乏系统性、整体性？是否是学生缺少整体观念，不会类比、分层？如何帮助孩子解决这些问题，她想到了思维导图。

思维导图就是可以把大量复杂的思路和线索，整理得一目了然，重点突出，让学生的大脑进行最有效的吸收和消化。因此，这位老师先自己外出学习，对思维导图这一项目做到心中有数。然后，在假期她对这部分内容进行了专项磨课准备。开学初的校本课程的课堂上，王老师为孩子们展示了思维导图，同时，在实际运用中让孩子们感受思维导图的作用。孩子们一下就爱上了这张"图"。接下来就是怎样画了。王老师的思路是：第一次老师指定主题，学生自主设计。为了便于孩子们掌握，主题就是"图形王国总复习"，孩子们将他们自己对图形的理解转化成一幅幅有层次感的"图"。课堂上，让孩子们上台进行介绍，在对学习知识进行巩固的同时，比较彼此的优缺点，感受不一样的思维方式。思维的碰撞，产生的是智慧的火花。老师在孩子们的交流中，适时进行点评指导。第二次的主题就由孩子们自己来定。选择一个自己感兴趣的主题，或者自己还没弄懂的一个知识点，用思维导图的方式进行梳理和巩固。可以尝试不同的学科。孩子们的思维之窗被打开，第二次的汇报更五彩缤纷：鲁迅人物简析、《西游记》人物关系、平面图形面积……

这样的微课程，带给孩子们的是理性的思维能力，一张放射状导图，通过层级、分类，放射性结构，线条、形状、颜色……还原知识的本来面目。

案例三：走进CS——社会实践课程

小杨老师开发的课程名叫"走进CS"，很多孩子是抱着"CS"游戏的目的而进入课程学习的。但第一天，当孩子们知道此CS非彼CS时大呼上当，嫌弃之情溢于言表："难道我们要在厕所里上课吗？"但随着课程的不断深入，孩子们对此课程有了全新的认识，慢慢的他们从原先的嫌弃厕所，变成了开始对厕所产生好奇。就像小杨老师在课程实施后的收获中所说：我的收获就是我的学生对厕所的看法改变了，至少他们知道了"厕所文化"这个词，而不光光是"厕所"。而且，当他们再次谈论到"厕所"时，不再会一脸嫌弃。

"走进CS"课程总共分为八个环节展开，分别是：①CS演变过程；②CS文化差异；③CS奇闻逸事；④CS宣传标语；⑤CS科技运用；⑥CS奇思妙想；⑦CS标识设计；⑧CS设计分享。

首先，杨老师带领同学们了解了厕所的演变过程，学习从古至今的厕所发展史。第二堂课，老师和孩子们来了一次网上环游世界，从美国到迪拜，再到世界的各个地方，体验各国的厕所文化差异。接着，大家一起分享许多有关厕所的奇闻逸事，多种多样的厕所造型。宣传标语也是厕所文化的重要组成部分，在欣赏之余，孩子们也有自己的创作。科技的运用让厕所文化走上了一个新的台阶。带着对科技的好奇，杨老师带着孩子们到厕所文化交流基地进行了一次亲身体验。孩子们在这个特殊的展厅里大开眼界，也给了孩子们很多创新的灵感。回到学校，孩子们畅所欲言，谈论着他们理想中的厕所。趁着畅想的余热，孩子们进行了厕所标识的设计。天马行空的设计，有很多都是我们作为大人想都不会想到的。

一学期的尝试，小杨老师也有自己的反思：其一，课程中，学生对厕所的认识确实能够得到改变，但由于目前是小班化教育，这个改变可以说是微不足道的，那如何才能让厕所文化得到广泛宣扬呢？其二，去参观了昆山厕所文化交流基地，发现有好多关于厕所文化的新奇事物，下次课程是不是可以有更大胆的尝试？其三，活动主题是否可以让孩子们一起参与其中，进行师生的良性互动，而不仅仅是孩子们被动接受。

一个学期的时间，24位老师做了第一个吃螃蟹的人。"课程开发"这四个字对于大部分青年教师来说并不陌生，但说要自己去开发，畏难情绪不请自来，"怎样开发啊？""我不懂啊！""怎么办？"……老师们对为什么要进行课程开发还不太清楚。

学习力第一大要素：学习动力。它来源于学习目标、兴趣、动机，目标越大、兴趣越浓、动机越强。课程开发还需要对课程的坚持，也就是毅力的考验。在实践中，很多课程是没有经验可循的，有时可能就是开发老师自身的兴趣、爱好，就需要老师对自己能力的挖掘。整个微课程开发的过程，也就是青年教师对学习力的三个要素——学习动力、学习毅力、学习能力感悟的过程。学习力的这三个要素并不是孤立存在的，是相互叠加、互相促进、有机联系的整体，是人们自我学习、自我变革、自我超越的螺旋式上升的过程。从对课程开发的目标的确立到对课程实践的坚持，到相关知识能力的储备和发挥，老师也是一步步螺旋式成长起来的，自身学习力也在不断完善。

24位课程老师在第一堂课上都会问孩子们三个问题：我为什么要来这个课堂学习？我如何做到每天坚持学习？我将投入多少时间来练习？对应的其实就是学习力的三大要素：学习动力、学习毅力、学习能力。对学生而言，每一次的学习都是认知、情感与意志过程的一体化。课堂是有生命活力的，每个个体都将自己独特的个人经历、特殊需要、个人天赋等带入课堂，每个个体完成学习任务的不同方式以及他们各自所喜欢的学习条件，既使课堂充满人文特征，也构成课堂丰富的资源系统。在课程开发的时候，老师们需要考虑学生的学习动机是否被激发、认知情感是否被提取，让他们有明晰的需求取向，并做出个性化的认知选择，这样孩子们的情感、动机、意志才会随机地参与到学习过程中且发挥重要的认知调节作用。希望在今后的不断摸索中，让师生的学习力都能有所发展和提高。

（撰文者：李静琴）

互联网助力学校"本道HAPPY"课程有序运行

在信息时代，知识的获取已经变得平等和开放。"互联网+"以"智力"的力量重构教育形式，使教育成为"人的维度"，真正实现以学习者为中心，真正尊重学生的个体差异和个性化需求，真正把学生作为教学的主体。同时，"互联网+"还提供了广泛的教育资源、互动的网络平台、真实的数据分析和校本课程建设的客观综合评价，真正促进了学生的全面发展。

今天，为了顺应国际教育改革的趋势，增强国家的核心竞争力，提高人才培养质量，国家把全面、基础、发展的素质教育转变为核心素养，其与时代发展、社会变迁和国际发展趋势密切相关。这不仅是国家人才战略发展的需要，也是个体终身发展的需要。过去，以知识结构为核心的传统课程体系已不能适应中国的现状，不符合处于经济转型与快速发展时期对人才、对未来公民的需求。

随着信息技术的飞速发展和"互联网+"时代的到来，基础课程所呈现的课程内容已不再适应教师和学生的发展需要。我们需要探索一种更直观、更生动、更经济的校本课程，即微型校本课程。基础教育课程改革纲要（试行）明确校本课程是课程建设的需要。

我校实施的本道课程的二级子课题绿叶课程——"本道HAPPY"课程，便是从儿童的认知特点与个性发展需求出发，自主课程（选修课）满足了儿童个性发展的需要。

1.智能教育管理

报名分班的原有模式是学校教学处编制、印发、收集、整理自由选修课报名申请表，并由教务工作人员采用人工方式进行随机分班。这一模式存在两大缺陷：一是由于近年来小学学生人数增加，人工分班的操作过程耗时费力；二是部分热门的自由选修课程因招生人数限制，使随机分班的操作过程有悖于科学、公平、公正的原则。

网络选课是我校自由选修课管理系统中具有智能化特点的核心部分。为更好地体现该课程科学、公平、公正的管理理念，课程管理系统以学生志愿整体优化的前提下最大限度满足学生的第一志愿为原则，设计、开发信息化、智能化的报名分班软件。其设计思想是，在学生通过网络提交三个报名志愿后，该系统的计算机分班算法将考虑整体利益需求，寻找一种分配方案，使所有报名同学的平均满意程度达到最大值，使提交时间这个因素对分配结果的影响最小。同时，教务管理员可视具体情况对计算机分配结果进行微调。因编程软件采用优秀的网络流算法，将使得计算分配方案在数小时内完成，从而极大地提高了管理效率。

报名截止日期过后，在自由选修课课程管理系统上自动生成分班名单及教室安排，供学生远距离查看；第一次选修课后允许部分学生再一次调整自己的选修志愿，此过程将由教务管理员完成。

2.线上线下结合

①线下

线下授课分为五大阵地：文学院、科学院、艺术中心、生活馆、体育中心。

学生作品：在学生作品区，以文本、照片、音频、视频等形式，展示我校学生自由选修课的优秀学习成果，并对下届学生选课、学习起示范和指导作用。

交流社区：设置分课室讨论区和自由选修课课程综合讨论区，方便学生间、师生间的作业和其他关于选修课的意见、建议的交流。

②线上

构建家校互联教育平台，凸显教育信息特色，采用信息化沟通模式，及时交流信息。以"自然之友"为例，家长与学生共同制作环保酵素，并以视频或PPT形式记录制作过程，并上传至学校平台进行分享。

事实上，在校本课程的实施过程中，信息技术与校本课程整合成一个整体。信息技术是学生学习校本课程不可或缺的工具。提供信息和分析信息、组织信息，探索、合作，并提供独立的学习平台和工具。将信息技术融入校本课程的课堂教学过程中，可以更好地培养学生的自主学习能力和探究意识。在教学过程中，鼓励学生根据自身的兴趣、动机和需要利用信息技术，为个性的发展创造空间，全面培养学生的创新能力。

以"植物图鉴"活动为例：通过制作植物专属的二维码，使学生更加了解学校的植物品种。学生实地观察和亲手养育植物，并培养学生更具爱心、责任心，对自然、对生命有一个科学的认识。同时，也树立了学生环保意识。这是信息技术与校本课程有效整合的一个非常成功的案例。课程的实施是以项目为基础的学习模式，基于自主合作学习，通过实地调查访谈、知识共享、网络拓展实践和社会信息普及等学习形式，促进学生自主学习。在课程实施过程中，学生学习和使用信息技术工具，如搜索引擎、PPT制作、PS图像处理软件、图片处理软件、视频编辑软件、Flash动画软件、网页制作软件等，并利用这些工具收集和组织与植物相关的信息并上传到学校网站。软件的学习和应用在完成校本课程项目学习中具有不可替代的作用。

作为我们的校本课程，"本道课程"旨在推动微格学习。在校园网的帮助下，为学生和家长提供所选的微型课程。本课程内容包括以下三大类：第一，学科知识微课程：各学科的教师为某门课设计微型课程，通过设计一个知识点开发的微型课程，使有能力学习的学生在分配后获得更大的发展空间。第二，学习微格课程：掌握正确的学习方法，养成良好的学习习惯是学习成功的必由之路。老师使用课文的介绍和相应的图片，并制作了一系列的微型课程来介绍学习方法。第三，个人成长的微观课程：教育应立足于学生的全面发展，以人为本。我们学校一直致力于培养学生发展这一优秀品质，并唤起每个孩子正确的意识和行为。

3.基于网络平台的多元化评价

目前的学生评价方式还是一种以考试成绩为主的评价方式。随着大数据时代的到来，我们更应该关注学生的过程性评价与自我评价能力的培养，进而培养学生终身学习的能力。通过有目的、有系统、有组织地实施评价过程，对激发学生的学习动机，提高学习效率，促进学生的主体精神和人格的健康发展具有重要意义。聚焦评估，深化新评价研究。坚持面向全体学生，开展绿色评价，建立大数据分析，通过构建立体、多元的教师小领域评、学生四线评、学科素养评的评价体系，全面提高教育教学质量。评价的过程是动态的，并给出多个评价机会。评价主体是互动的，家长、同伴、社会和教师参与其中。在评价上，应注重多样性，即教师评价、同学评价、自我评价、家长评价、社区工作人员评价。在实践中，学生的自我报告（问卷调查、评估、学生评价）、行动观察（记录、角色扮演、档案袋或成长日记）主要用于实践。

课程的教学效果如何，即课程的评价在整个课程的开展中也是十分重要的一环。通过网络平台，它也可以很好地实现对课程的评价。学生使用他们的账户登录到网络平台，评估所选课程。可以为学生选择一些评价选项，允许学生留言和谈感想。每学期结束后，所有校本课程的在线评价结果均在校园网中发布，对初任教师有积极的影响。当然，这些只是数量性的东西，它们并不代表所有的东西，但其对课程的评价有很好的参考价值。

4.校外合作——沪江CCtalk直播授课

CC的含义是Content（内容）和Community（社区），横跨知识分享和在线教育两大领域。内容方面分为语言类、职业教育、中小幼、艺术兴趣四大品类，使用在线直播平台与学生无边界交流。学生们也不再是自己孤独地学习，而是逐步融入以兴趣为核心的学习性社区。培本小学的"本道HAPPY"课程也加入了CCtalk平台，通过CC进行网络直播授课。

老师通过课前准备预热，课中使用讲义库、白板、题库、多媒体、屏幕共享教学等教学工具。学员讨论区文字互动、举手上麦、送鲜花，老师也可请学员上麦或开启视频互动。

以下是课中最常用的三大工具：

演示讲义：通过课前上传PDF/PPT，课中演示圈点勾画标记板书，能较好地传达教学内容，具有简单便捷、具体翔实的特点，是一种通用型的工具。

屏幕分享：可以分享电脑桌面或区域，演示动画效果、共享内容。这个工具最大的特点就是能够进行动态过程展示。

多媒体播放：通过播放音频和教学视频，来弥补图文静态教学元素，从而提升互动性。这个方式可以用在课前暖场或者课中素材补充上。

课后作业及数据管理，打造教学闭环，真实还原线下教学场景，也可使课堂容纳的学生数量大幅增加。

1.使用CC群空间，创造师生专属的学习论坛

任何时段均可使用群空间发帖、作业、交流、共享资料，学员也可创建或回复帖子互动。入口统一，便捷管理，互动交流更顺畅，有效提升学员黏性及续报。

2.创建节目单，让课程内容管理更灵活

节目即群内的课程，一键get如何发布预告、改期及编辑课程、删除课程、缓存回顾攻略。轻松管理课程，后顾无忧。

老师使用节目单对群内的课程进行快速归类管理，强化内容组织创作，根据课程主题进行自主编辑、排列、组织，形成一个有体系的节目单。节目单类似于书本的"目录"，节目单下设"单元"板块，单元类似于目录的"章节"。老师可以创建多个节目单，结合需求来划分单元。学生们可更系统化更清晰地学习，订阅感兴趣的内容，针对性观看群直播、回顾或录播

课，提升教学体验与效果。

3.出题答题，学习效果评估，尽在作业管理系统

使用作业管理系统进行创建发布、催交、批改作业、点赞回复、置顶等，学员在电脑端及手机端随时随地做作业及查看回复，提高课程的完成率和学生的黏性。

综上所述，信息技术是校本课程的新载体，更有利于校本课程的开发。信息技术与校本课程的教学实施过程有利于教师改进教学方法，构建新的课堂教学模式，提高教育的能力和水平，鼓励学生积极、自主、合作学习。利用信息技术培养学生发现问题、分析问题和解决问题的能力。问题的关键是培养学生利用信息技术培养学生兴趣、激发学生潜能和创造力的良好习惯，培养学生在信息环境中的自主学习能力。

（撰文者：张水平）

图谱 TU PU

——"本道课程"的系统思考与整体建构之路

课程目标图谱

一、课程育人目标

为培育具有家国情怀、国际视野、人文底蕴的本真灵动少年，我校制定了以下办学理念和育人目标：

家国情怀——爱国友善担当（德）

求真养智——好问善思乐学（智）

健体澄心——灵动阳光向上（健）

循理尚美——明理诚信文雅（美）

实践创新——自主合作探究（创）

育人目标是通过课程目标达成的，因此，将"家国情怀、求真养智、健体澄心、循理尚美、实践创新"这五个培养目标细化，渗透到低中高年段的课程中。

从学校实际出发，落实上述育人目标，采取学科课程校本化、德育活动课程化、拓展型课程多样化、研究型课程实践化，将学校现有课程划分为"立德、立慧、立健、立美、立创"五大课程群，建构了本道课程的"五立"课程体系。

二、学生发展目标

表1 昆山市培本实验小学分年段的课程目标

目标维度 主要指标 学　　段		低年级 幼小衔接 关键期	中年级 自我意识增强 成长期	高年级 生理与心理变化 青春期
家国 情怀	爱国 友善 担当	1.知道自己从哪儿来，了解自己的父母、家庭故事，能够与人友好相处，关爱家人。养成良好的生活卫生习惯，能够做简单的家务 2.初步了解周围环境，走访自己熟悉的学校、家乡 3.具备少先队员的基本礼仪，对国家的一些基本标志性的事物有初步的了解	1.通过研学进一步了解自己的学校、家乡。感恩身边的人和事，具有一定的责任意识 2.通过经典诗文等传统文化的浸润，激发朴素的爱国情感	知晓和初步感受昆山"三贤"的人文情怀、学识修养，培养爱国情感和责任感
求真 养智	好问 善思 乐学	1.培养学生的好奇心，使其具有探索求真知的欲望与兴趣 2.让学生养成良好的学习习惯，并积极准确地表达自己的想法 3.让学生具有与人合作的意识	1.增强学生的探索兴趣并能调整自己的探究方法 2.初步具备质疑、反思的能力，学会提问并尝试解决问题	1.掌握学习的技能和方法，具备积极的学习情感 2.具有强烈的好奇之心，具备提出问题、研究问题、解决问题的能力

目标维度 主要指标 学　段	低年级 幼小衔接 关键期	中年级 自我意识增强 成长期	高年级 生理与心理变化 青春期
健体 澄心	灵动 阳光 向上	提高身体素质和体育技能。了解体育和健康的正确概念，形成良好的生活习惯和健康意识	具有关注身体和健康的意识，懂得营养、环境和不良行为对身体健康的影响。学会通过体育活动等方法调控情绪，形成克服困难的坚强意志品质	了解体育活动对心理健康的作用，认识到身心发展的关系。能够在和谐、平等、有爱的运动环境中感受到集体的温暖和情感的愉悦。在经历挫折和克服困难的过程中，提高抗挫能力和情绪调节能力
循理 尚美	明理 诚信 文雅	让每个学生初步具备分辨是非、明察事理的能力，举止行为得当	大方、明理、自信、诚实，勇于展现自我，不拘谨。让学生认识并懂得心灵美、语言美、行为美、环境美等丰富的内容	具有文雅的学生气质，自信开朗，可与人友好交流互动。善于思考与表达，不盲从，具有思辨能力与创作想法，具有语言表述的自信
实践 创新	自主 合作 探究	为学生营造一个良好的课堂气氛，增强学生学习的趣味性，引发学生的求知欲，发挥学生的特长和爱好，挖掘其自身潜力	创设情境，激发学生求知欲，让学生去思考、探索、发现，进行创造性学习	让学生具备主动质疑的能力，激发学生创新思维，务实而不失创新地形成适合自己的个性化学习方式，敢于动手实践，并具有把想法落实的信心

课程结构、设置图谱

　　本道教育是学校打造素质教育的新样态，以"立于本、成于道"为行动方略，开展以学习为中心的课程，构建"本道课程树"体系，通过课程实施，创设生命场景，跨界贯通，丰富经历，凸显个性，带动辐射。在未来，人工智能、万众物联、虚拟现实、泛在学习、云计算、大数据等多元化的交互式学习平台，将成为师生新的学习环境。为了保证"本道课程"建设，需要学校课程的领导团队，进一步明确课程建设方向与价值追求，统一认识，明确学校未来发展的愿景。

一、"本道课程"架构说明

　　基础型课程是主干，拓展型课程与研究型课程是枝和叶，力求实现国家标准和学校追求的融合共生。课程的核心导向在于引领学生"向下扎根，向上生长"。"向下扎根"是为了"立德"——在本道课程濡染和践行中"培养学生对国家、对民族的高度责任感"等关键品格；"向上生长"即本道课程的终极目标"树人"——培养学生的学习力、实践力、创新力等关键能力。"向下扎根"越深，德之弥厚，凸显本真；"向上生长"越高，人之越美，彰显灵动。其目标指向以课程名义和方式将本道教育哲学、立德树人任务落地生根，基于此确定了聚焦核心素养培育的本道课程框架。

　　依据党的教育方针培养德智体美劳、发展学生核心素养、落实五育并举的文件精神，建构了学校课程，即立德课程群（自我与社会课程）；立慧课程群（语言与思维课程）；立健课程群（运动与健康课程）；立美课程群（艺术与审美课程）；立创课程群（科学与探索课程）。每个年级又细分为基础型课程、拓展型课程、研究型课程。

二、"本道课程"结构图谱

对基础型课程、拓展型课程和研究型课程进行整合重建，建构起直指学生核心素养，直面课程改革要求，既符合国家要求又富于校本特色的"本道课程"体系。

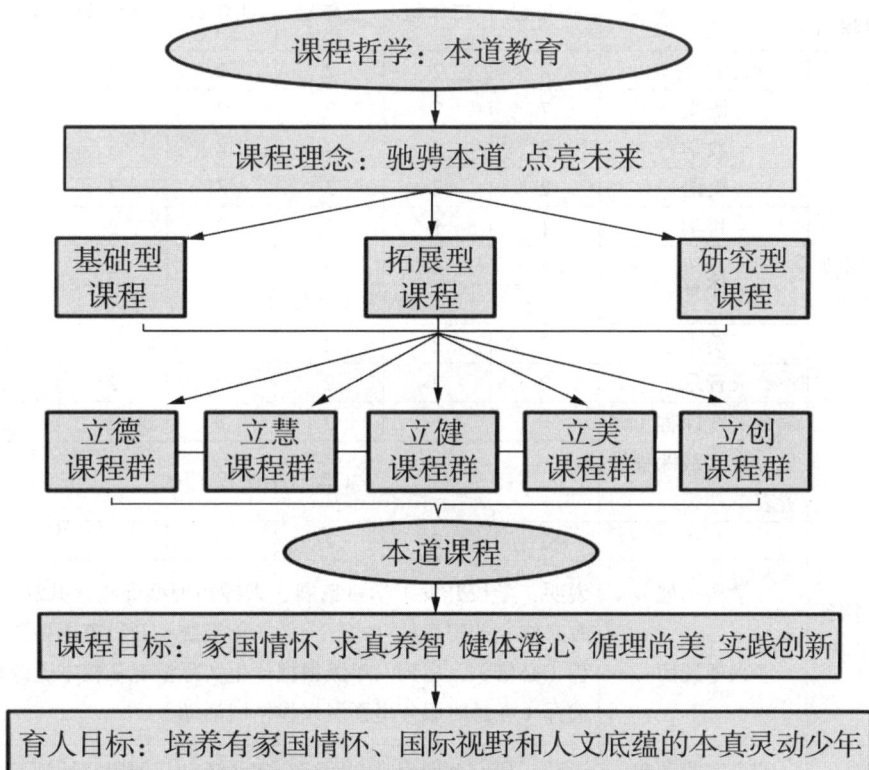

課程哲学：本道教育

課程理念：驰骋本道 点亮未来

基础型课程　拓展型课程　研究型课程

立德课程群　立慧课程群　立健课程群　立美课程群　立创课程群

本道课程

课程目标：家国情怀 求真养智 健体澄心 循理尚美 实践创新

育人目标：培养有家国情怀、国际视野和人文底蕴的本真灵动少年

图1　本道课程理念、目标与结构的关系图

三、学校课程设置

(一)本道课程整体设置

鉴于学校实际,本道课程严格按照《江苏省义务教育课程设置实验方案》执行,其余课程则按照年段设置,年段设置又分为基础型课程、拓展型课程和研究型课程。

表 2　昆山市培本实验小学课程整体安排表

课程门类 \ 年级课时		一年级	二年级	三年级	四年级	五年级	六年级
基础型课程	道德与法治	2	2	2	2	2	2
	语文	7	7	7	7	5	5
	数学	5	5	4	4	5	5
	英语	2	2	3	3	3	3
	科学	1	1	2	2	2	2
	体育	4	4	3	3	3	3
		(含体育活动)					
	美术	2	2	2	2	2	2
	音乐	2	2	2	2	2	2
	综合实践课程(详见综合实践课程设置表)	—	—	3	3	3	3
		(含研学课程)					
拓展型课程	学科拓展 + 兴趣社团	2	2	2	2	2	2
		说明:学校开发了学科拓展、兴趣拓展型课程,共2课时,有必修、选修两种方式。一、二年级统一开设英语拓展型课程(必修),三到六年级根据学生实际情况从校本道课程中选择(在延时服务里开展兴趣拓展活动)					
研究型课程	综合实践课程 + 项目研究	说明:研究型课程是利用综合实践活动开展研究性学习,共1课时,学科和拓展型课程衍生出的项目或课题在这里实施。(期末考试后的一周20课时,组织学生开展研究性学习)					
总课时数		27	27	30	30	29	29

（二）专题教育及德育活动课程设置

表3　培本实验小学2019学年度专题教育及德育活动安排表

时间	专题教育	德育主题活动	大型活动		重要仪式活动	校外基地实践
1月	享受阅读（书香节）	我阅读，我快乐	低年级段：亲子诵读		—	
			中年级段：课本剧展演			
			高年级段：好书推荐会			
2月	勤劳节俭	缤纷假期——我是生活小达人	低年级段：创意"福"字设计		—	
			中年级段：制作元宵			
			高年级段：压岁钱理财			
3月	文明礼仪	我是文明小培娃	"争金夺银我能行"常规评比		三年级成长仪式	昆山市未成年人成长基地
4月	法制宣传	遵纪守法我先行	低年级段：观看法制微电影		—	昆山市烈士陵园
			中年级段：制作法制小书签			
			高年级段：制作法制手抄报			
5月	珍爱生命（健康节）	我健康，我阳光	低年级段：阅读心理绘本			昆山市120急救中心
			中年级段：团辅小游戏			
			高年级段：护蛋行动			
6月	美育熏陶（尚美节）	向真、向善、向美	低年级段："生长吧"手指操展示		六年级毕业仪式	昆山市"新昆山人俱乐部"
			中年级段：班班唱评比			
			高年级段：水果拼盘活动			

续表

时间	专题教育	德育主题活动	大型活动		重要仪式活动	校外基地实践
7月	关注环保	缤纷假期——垃圾分类,健康生活	低年级段:学习垃圾分类		—	
			中年级段:制作手抄报			
			高年级段:制作环保作品			
8月	乐于实践(创想节)	缤纷假期——我动手,我创造	低年级段:创意树叶拼贴画		—	
			中年级段:小小纸飞机,承载蓝天梦			
			高年级段:"萝卜塔"创意大比拼			
9月	民族精神	从小学先锋,长大当先锋	低年级段:小培娃寻找"大不同"		一年级入学仪式	
			中年级段:我的家族故事			
			高年级段:我的一封家书			
10月	爱国主义	我和我的祖国	低年级段:"我心中的八礼"漫画		—	昆山市国防园
			中年级段:"核心价值记心间"手工作品			
			高年级段:"核心价值记心间"童谣创编			
11月	亲子沟通	爱的陪伴	幸福工程"一二三"		—	昆山市农业机械化技术推广站
12月	学会感恩(感恩节)	常怀一颗感恩之心	低年级段:歌曲大比拼			
			中年级段:海报大比拼			
			高年级段:朗诵大比拼			

备注:根据昆山市的德育主题活动做微调。

表4　本道课程之立健课程设置表

年级	立健课程/科目（项目）	选修方式	学时分配	场地	负责人
一年级	啦啦操、跳绳、传统体育游戏等	必修+选修	4+	体育馆、操场	体育老师+家长志愿者+外聘
二年级	啦啦操、跳绳、传统体育游戏等	必修+选修	4+	体育馆、操场	体育老师+家长志愿者+外聘
三年级	啦啦操、跳绳、足球、柔力球、棋类、游泳、篮球等	必修+选修	3+	体育馆、操场	体育老师+家长志愿者+外聘
四年级	跳绳、足球、柔力球、棋类、游泳、篮球、田径、击剑、射击、竞技比赛（体育班）等	必修+选修	3+	体育馆、操场、风雨教室	体育老师+家长志愿者+外聘
五年级	跳绳、足球、柔力球、棋类、游泳、篮球、网球、田径、冬季三项、击剑、射击、竞技比赛（体育班）等	必修+选修	3+	体育馆、操场、风雨教室	体育老师+家长志愿者+外聘
六年级	跳绳、足球、柔力球、棋类、游泳、篮球、田径、冬季三项、击剑、射击、竞技比赛（体育班）等	必修+选修	3+	体育馆、操场、风雨教室	体育老师+家长志愿者+外聘

说明：学时安排的"4+"或"3+"后面的"+"是大课间和体育运动长作业。

表5　培本实验小学社团活动课程设置表

课程名字	目标	适合年级
新生课程	围绕立德课程中的"爱国、友善、担当"，一方面培养学生从小树立爱国、爱家乡、爱家人、爱学校、爱自己的情感；另一方面关注学生的责任担当意识，提升和他人友善相处的能力	一年级
校友课程		二至四年级
成长感恩课程		三年级
百年培本百问百答课程		三至六年级
"三贤"课程		五至六年级
毕业绽放课程		六年级
家课程		一至六年级
新生课程	围绕立慧课程中"好问、善思、乐学"，培养学生乐学善思的能力，提高学生的学习力、思维力，成为兼具聪和慧的学生	一年级
英语绘本道课程		三、四年级
走近名家系列课程		五、六年级
校长难题课程		一至六年级
思维导图课程		二至六年级
新生课程	围绕立健课程中的"灵动、阳光、向上"，一方面提高学生的运动积极性，培养团队意识，形成自信、顽强的良好品质和阳光心态；另一方面发展体能，掌握运动技巧，提升学生的身体素质和竞技水平	一年级
啦啦操课程		二至四年级
棋类课程		三、四年级
亲子趣味运动课程		一至四年级
田径课程		四至六年级
球类课程		二至六年级
绳毽课程		一至六年级
心理团辅课程		一至六年级

课程名字	目标	适合年级
新生课程	围绕立美课程中的"明理、诚信、文雅",一方面培养学生文雅、知书达礼的内在美;另一方面提升学生的艺术素养,提高审美情趣,搭建平台,给学生展示成果的机会	一年级
衍纸红楼课程		二至五年级
昆曲文创课程		三、四年级
翰墨飘香课程		五、六年级
小乐团课程		三至六年级
典韵舞团课程		二至六年级
童诗吟唱课程		四至六年级
彩绘校园课程		一至六年级
新生课程	围绕立创课程中的"自主、合作、探究",培养学生的自主学习与合作探究的意识,提高学生的创新和劳动实践能力	一年级
超脑麦斯课程		三、四年级
走进CS课程		四至六年级
ETSPS课程(高科技生态厕所)		一至六年级
快乐编程猫课程		五至六年级

学校课程由基础型课程、拓展型课程和研究型课程组成,三类课程包括国家课程、地方课程和校本课程,体现了三级课程对学生发展的要求。

1.基础型课程

基础型课程体现国家对公民素质的最基本要求,着重培养学生的学科核心素养,着眼于促进学生综合素质的发展。基础型课程是国家课程探索校本化实施,在保持基本内容不变的情况下,适当加入时代性,为学生发展性学力和创造性学力的培养奠定基础的课程。其课时可长可短,大小课交叉,动静结合,使课堂更适合学生身心发展;多样化的教法和多元化的评价让基础型课程得以更科学的实施。学校教导处组织各学科围绕本道教育的"真课堂"进行校本化实施，初步构建了"童真语文课程群""思真数学课程群""灵真英语课程群""求真科学课程群"来进行推进。

2.拓展型课程

拓展型课程以培育学生的主体意识、完善学生的认知结构、提高学生自我规划和自主选择能力为宗旨，着眼于培养、激发和发展学生的兴趣爱好，开发学生的潜能，促进学生个性的发展和学校办学特色的形成，是一种体现不同基础要求、具有一定开放性的课程。我校的拓展型课程主要由基础型课程延伸的学科课程内容和满足学生个性发展需要的其他学习活动组成，如国学课程、校友课程、彩绘校园课程、走进CS课程、舞韵课程、童诗课程等。

3.研究型课程

研究型课程分为节日课程、成长仪式类课程、研学课程三大类。结合中西方节日开展节庆活动、社会实践活动，通过"活动前指导、活动中引导、活动后评价"的方式来提升活动实效，开展"一班一城"国际视野课程、春日生长课程、走近三贤、吴文化课程等，以及语文、英语各学科的访学活动，开拓视野，培育民族精神，提升跨文化的交流能力，同时发展学生的创新精神、实践能力、个性特长等，充沛学生的内心世界，放飞学生的自由梦想。

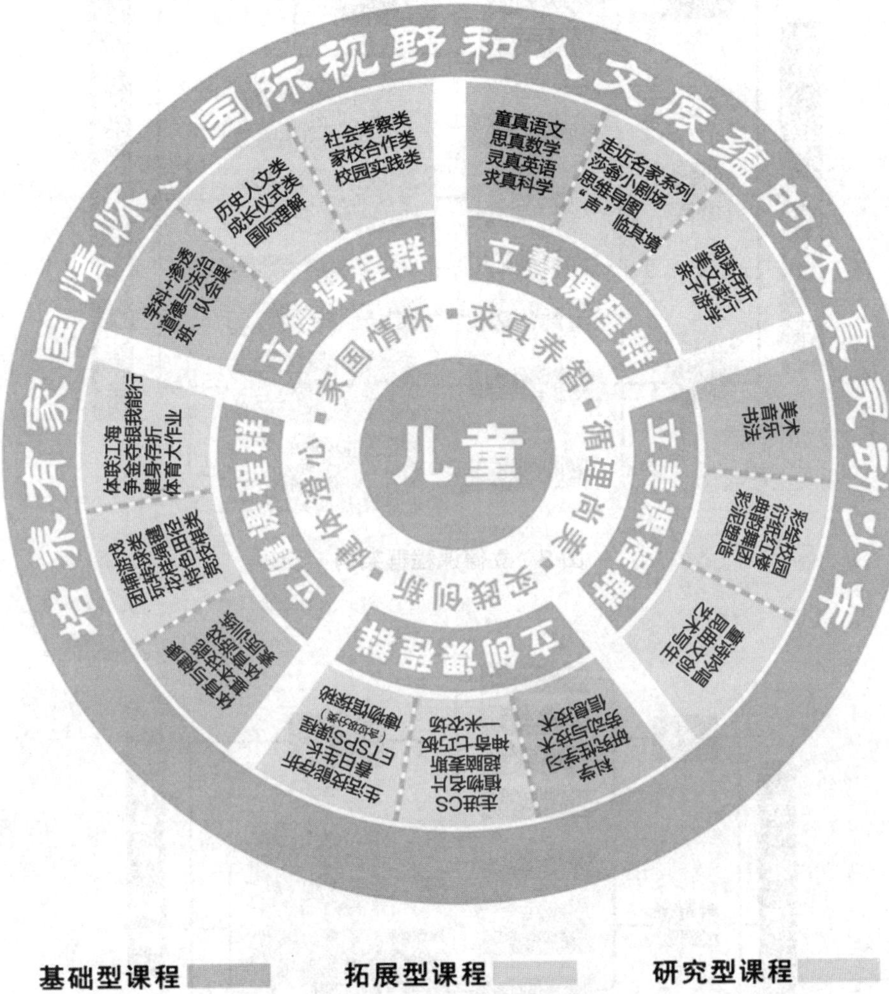

图 2 培本实验小学本道课程的结构图谱

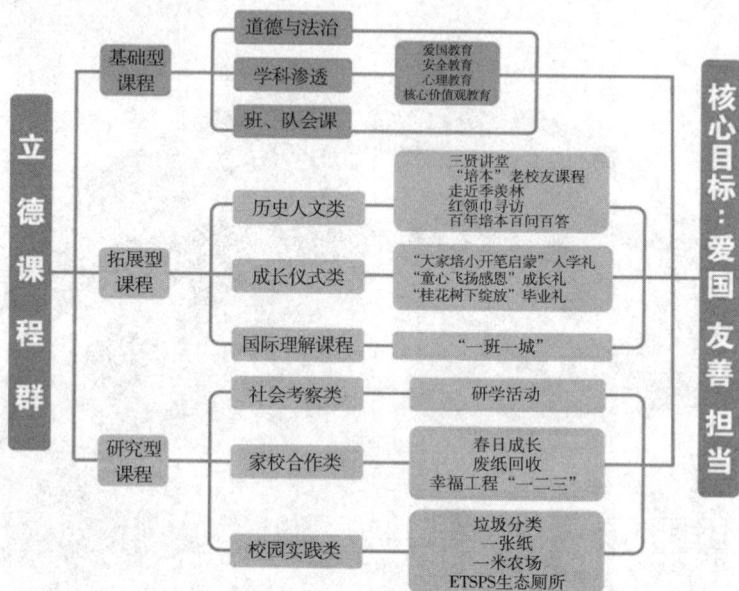

图3　立德课程群架构

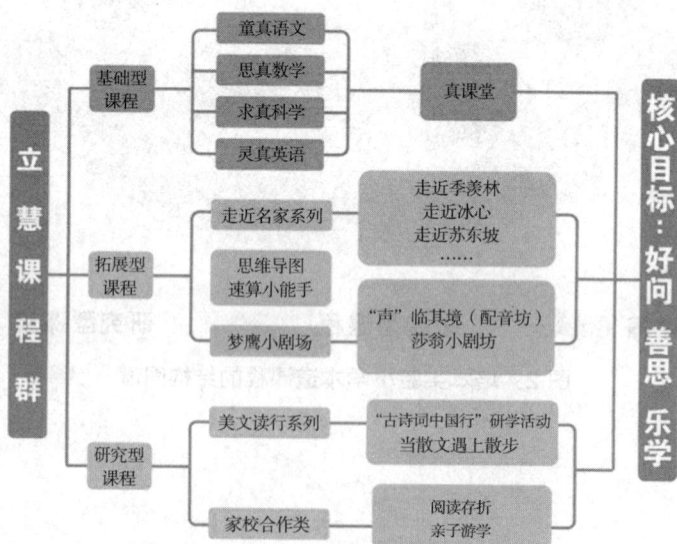

图4　立慧课程群架构

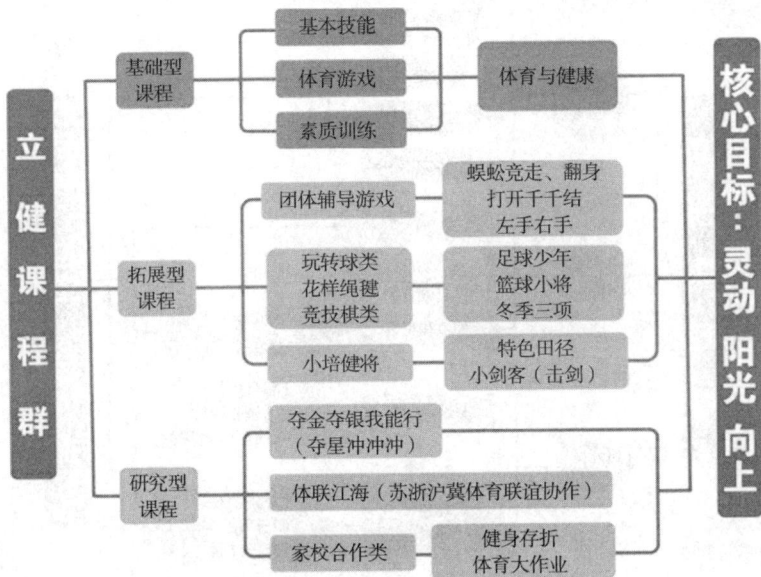

图 5 立健课程群架构

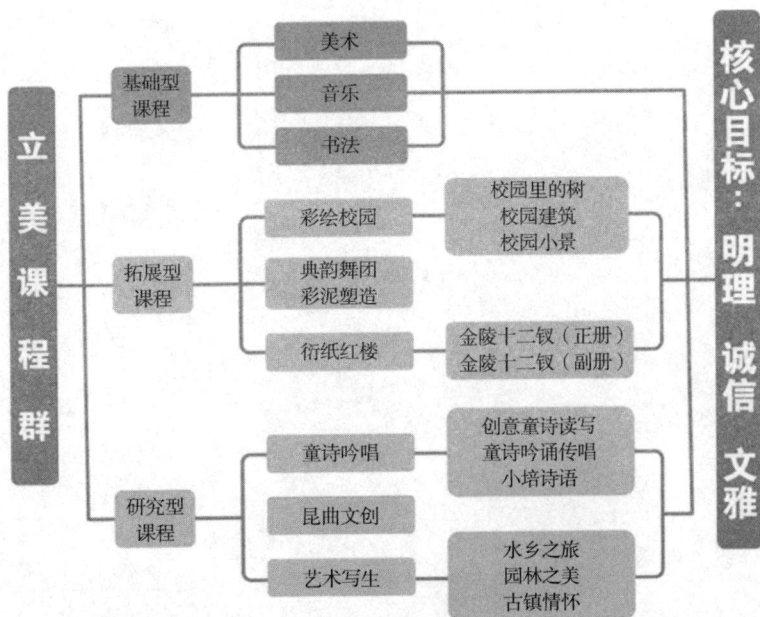

图 6 立美课程群架构

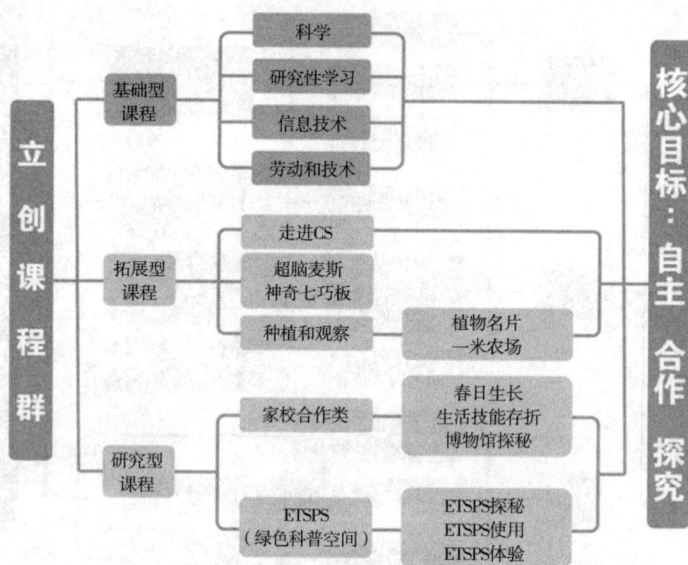

图 7　立创课程群架构

课程管理图谱

一、价值领导：以"本道教育"哲学思想引领学校课程发展

本道教育是学校打造素质教育的新样态，以"立于本、成于道"为行动方略，开展以学习为中心的课程，构建"本道课程树"体系，通过课程实施，创设生命场景，跨界贯通，丰富经历，凸显个性，带动辐射。在未来，人工智能、万众物联、虚拟现实、泛在学习、云计算、大数据等多元化的交互式学习平台，将成为师生新的学习环境。为了保证"本道课程"建设，需要学校课程领导团队为全校教职员工，进一步明确课程建设的方向与价值追求，统一认识，明确学校未来发展的愿景。

二、组织保障：强化学校课程领导与研发的组织管理

学校实施课程管理的领导机构是"本道课程建设中心"，由校长、分管校长、教导处、教科室、教技室及教研组长组成。在校长室的直接领导下，负责学校课程的构建、开发、管理与评价等，以及有关学校课程教材改革方面规划、研究、设计和实施等工作。具体分工：校长室主课程规划，教科室主课程研发与评价，教导处与德育处主课程实施与管理，教技室和总务处对课程平台进行开发和后勤保障。

"本道课程建设中心"的主要任务：研究完善学校课程的整体结构，对学校课程布局的优化不断进行探讨改进；研究讨论每一学期的课程计划，为

学校课程计划的实施提供建议；进行新课程开发的探索，对新课程的开发与实施进行指导；定期进行学校教育教学工作的调研和评估，定期对学校各类课程进行评价，将其纳入学校绩效考核方案中。

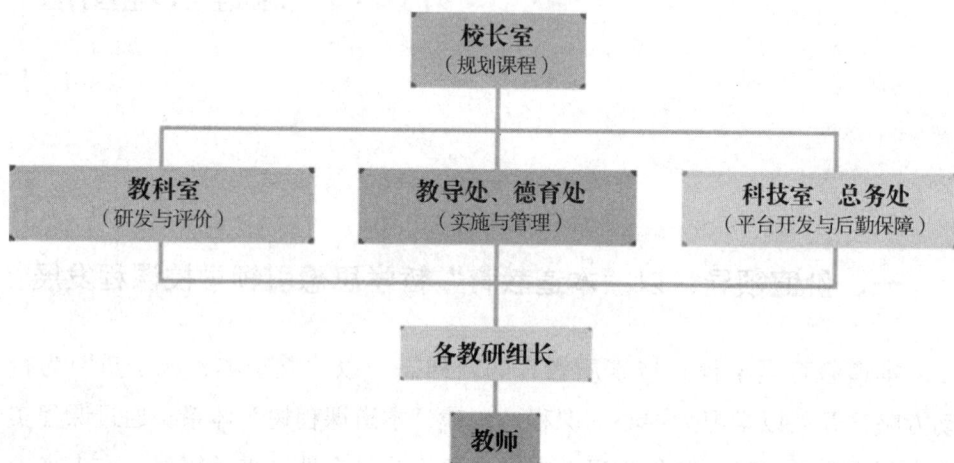

图 8 "本道课程建设中心"管理流程图

资源 _{ZI YUAN}

——实践创新的课程资源开发之路

传统与现代的融合
——本道课程资源简析

一、学校现有的丰厚文化底蕴为本道课程开发奠定了理念基础

我校创办于1905年，是玉山书院、三贤堂所在地。百十年来，积淀坚实根基，基于对学校历史、当下与未来的联通，学校确立了"大家培小"的方向；基于对教育本质的理解与回归，学校确立了"儿童生命本位，人的成长之道"的路径；基于对传统中国文化的基础与弘扬，学校树立了"君子务本，本立而道生"的观念。基于对本、道之"根本、本源"的意义探究，我们认为学校教育的根本任务就是落实党的教育方针，促进人的全面发展。基础教育是植根的教育阶段，立本生道是立德树人的培本表达。从多面性和立体性的生命观来看，所植之根本应包括德智体美劳等多方面。培本实小将其表述为家国情怀、求真养智、健体澄心、循理尚美、实践创新五个方面。从"文化立校"的实际需要来看，本道文化是依道而行的文化。每一事物都有其规律、规则，教育亦然。从教者应回归到教育本来的样子，按照教育应然的方式、法则开展教育。回归教育的本然，其关键在于复归于"人"的教育，"回归儿童本位，人的成长之道"；本道文化也是潜润无声的文化。《道德经》讲道："大音希声，大象无形。道隐无名。"伟大的道是不能用具体的名来指称的，它无声地涵育生养着万物。最深入人心的教育，像潺潺溪水，无声地潜润着生命。潜润虽然无声，其力量却是巨大的，它会直抵生命的深处，成为生命成长的不竭动力。由此，学校提出了"大家培小，立本生

道"的培本办学宗旨，明确建设本道文化的办学主张，本道文化的校本构建促进师生健全人格的塑造，契合当前"文化立校"的实际需要，是更新学校传统文化、提高学校文化品位的有效路径，也是社会文化转型对学校建设的呼唤和贯彻国家文化战略的校本化抉择。我们现在进行的家校共生课程就是根植于这样的校园文化理念之下，将家、校、生融为一体，探寻共生共长的理想模式。

二、城中、城西两大校区遥相呼应，核心地段为课程开发提供丰富资源

2012年学校异地新建西校区，开启一校两区模式。东校区位于昆山市市中心，是300年前玉山书院、三贤堂所在地。百十年来，积淀坚实根基，人文底蕴深厚。周边有昆山报社、人民医院、昆山市图书馆、采莲社区等一系列的配套设施，为开展校外的课程提供了有利条件。

西校区位于昆山市市郊，处于城市开发区，周边多拆迁小区和新建小区，还有档案馆、行政审批中心等政府行政部门。另外，杜克大学、体育场馆、清华科技园、艺术剧院、森林公园等人文资源较多，这些为学校课程建设提供了丰厚的资源保障和人才支持。

三、东西校区各有所长，硬件设施为课程开发提供物型保障

东校区占地约13亩，麻雀虽小五脏俱全，面积不大，但各项设施都按省实验小学标准配置。东校区有见证学校百年历史的校碑，创始人徐梦鹰先生的塑像，重建的三贤堂、玉山书院、校史馆等。每一处都是学校、昆山，乃至国家历史的缩影，是极佳的进行爱校爱家乡爱祖国教育的场所。

西校区建筑面积近100亩，环境优美，资源丰富，除普通教室和专用教室外，学校拥有生态厕所科普空间、生长吧、日知园、体育馆等34个支撑学生实践体验的物型课程空间，彰显了教育的现代化气息，也为学校课程的开发

与实施提供了有力保障。

四、青蓝携手、阶梯递进，骨干教师团队为课程开发提供了师资保障

学校现有教师156人，中青年教师125名，占总数的80.1%。中、高级职称教师82人，占在岗教师的52.6%。学科带头人和骨干教师71名，占在岗教师的45.5%。其中中小学一级教师6名，苏州市名校长1名，苏州市学科带头人4名，昆山市学科、学术带头人8名，昆山市教学能手18人，教坛新秀30名。硕士研究生学历28人，本科学历133人。学校师资呈现教师队伍年轻化、中老教师骨干化。因此他们互相搭配，既有丰富的实践经验，也有丰富的理论知识，老师们有想法，有冲劲，学校整体和谐有序，正向稳定发展。

五、多层次、多人数、多区域，为课程实施提供不同的样本，便于积累更多的经验

我校东校区有25个班级，西校区有51个班级，共有76个教学班，在校学生人数达到3800人。东校区学生的来源主要是昆山市的原住民，少量新昆山人。西校区学生来源一是附近乡村拆迁子女，二是新昆山人子女，也就是随迁子女。两个校区的学生差异较大。东校区的学生普遍学习能力更强。西校区的学生相对生活能力更强。但两个校区的学生都比较可爱，可塑性较强。在家校合作中，我们可以根据两个校区的不同特点进行不同的培养，同时也可以进行校区间的交流，让两方的同学进行互相的学习，取长补短。

3800名学生的背后是一个更为广大的家长团队。东校区家庭86.8%以老昆山人家庭为主，文化层次相对较高，对子女的教育要求也相对较高。会为子女在课余时间安排比较多的培训班、兴趣班，提高孩子各方面的文化素养。西校区家庭80.12%左右为新昆山人市民家庭。基本以双职工为主，

教育子女的时间与精力相对较少，孩子的教育有一部分依靠隔代长辈。两校区的家长都有一定的经济基础，可以给予孩子不错的生活条件，也都愿意给子女教育投资。通过问卷调查，家长的意愿对学校开展课程是有利的、支持的。

萤火虫的梦想
——"废纸置换计划"公益项目活动设计

一、活动缘由和目的

1.2014年，学校参加了昆山市昱庭公益基金会的"免费厕纸"活动。2016年，又成了昱庭公益基金会"废纸置换"的试点学校，在全校开展了废纸置换厕纸活动。

2.教育引领生态文明。近几年来厕所革命在习总书记的关心和倡导下，全国上下都在如火如荼地开展着。我们学校也响应总书记的号召，以"废纸置换计划"试点学校为契机，用萤火虫的精神作为指引，从回收学校的废纸入手，引领学生投身志愿服务的平台，引导学生参与实践活动的新路径，引发学生承担社会责任的新领域，把环保、生态、担当的价值观种进孩子心里。

二、活动对象

全校师生及学生家庭。

三、活动地点与布置

学校、家庭。

四、活动准备

1.做好前期宣传准备，废纸置换计划的国旗下讲话，下发动员家庭参与的告家长书。

2.开设"纸"主题的主题班会，了解纸的前世今生。

3.与昆山昱庭公益基金会确定好每周回收废纸的时间。

五、活动过程

废纸回收是个非常好的德育课题，废纸回收的不仅仅是一张张废纸，还是习惯，是讲究卫生，不乱丢废纸的习惯，更是文明。同时也是非常好的环保教育资源，引领孩子爱惜资源，不浪费资源，并带动家庭，传播文明，影响深远。

1.计划——致力于精准发力

（1）举行教师大会，让老师领悟活动意义；

（2）开设环保讲座，用活动来影响孩子；

（3）充分发挥家委会的作用，让家长来带动家长；

（4）举办经验交流，用智慧引领班主任；

（5）通过争五彩成长章激励孩子，让一个孩子带动一个家庭。

2.实施——致力于省力优效

省力在于流程简单：班级回收，校医称重记录，保洁阿姨存放。

优效在于：减少了劳动力：它涉及的人员是各班的环保志愿者、一名校医和一名保洁阿姨。减少了工作量：孩子从家里自带纸箱，班级环保志愿者把纸箱里的废纸理整齐，纸箱满了，就送到校医室称重，校医记录好斤两后，保洁阿姨把废纸箱存放到固定地方。存放很方便，一箱一箱叠放，很整齐，不需要二次整理，然后等基金会的志愿者来回收时，一箱箱称重，省时、省力、方便。

3.评价——致力于多元激励

管理学上说："请你告诉我，你是如何评价我的，那么我就会告诉你，我将会怎么行事！"废纸置换厕纸公益项目的持续开展离不开有效评价。我校的废纸回收活动既有过程性的持续反馈，又有总结性的评价；既有集体层面的鼓励，又有对个人行为的点赞。我们从三个层面来评价这项活动。

（1）小培娃废纸回收行动榜——班级评比

这是班集体层面的评比，（出示榜单）规定满20斤，就可以贴一棵小树。每两周全校反馈一次，利用国旗下讲话具体通报各班级回收了多少斤废纸，种上了多少棵小树。这张榜单既记录了每个班级废纸回收的情况，又为孩子们定下了努力的方向。每种下一棵小树，都凝聚了全班同学的努力。

（2）颁发五彩成长激励章"志愿章"——学生激励

这是学生层面的个人评价方式，把它融进了学校的本道五彩成长激励章争章活动评价体系。志愿章只是其中的一枚，每一枚章都有具体标准，志愿章的标准，共有4条，其中有一条就是为废纸回收制定的：环保意识强，积极参与废纸回收活动。如果学生在班级废纸回收中表现突出，班主任就会为他颁发志愿章。同时，如果班级在期末的行动榜评比中名列全校前六名，我作为校长就会给班级颁发集体荣誉奖，奖品就是班级每一位学生都将获得一枚成长奖章。

（3）纳入班主任绩效考核——班主任评比

这是班主任层面的评价方式。根据各班废纸回收情况，各年级评出名次，纳入班主任考核。学校的班主任考核方案内容全面，班级与班级的差距很小，只要一个方面疏忽，就有可能落后于其他班级。因此这一评价方式，引起了班主任的重视，激发了班主任的热情。总之通过多元的评价方式激发全校师生的热情，让废纸回收活动成为学校的一个常规活动，常态化、规范化、持续化。

活动照片：

六、活动拓展

1.绿色校园生态科普空间落户培本小学。伴随着"废纸置换厕纸项目"的深入开展，2018年，在昱庭公益基金会、清华大学美术学院、重明鸟厕所产业集团等单位的鼎力支持下，造价达到160万元，国内顶级的高科技生态厕所样板工程——绿色校园生态科普空间于当年9月成功落户学校，为孩子们提供了一个融环保、科技、文明为一体的实践体验平台。这个平台的建立，也帮助我们将废纸置换厕纸活动向课程研究转变提供了可能。

2.以厕所为研究对象，开设"走进CS"课程：调查厕所演变，了解地域差异；设计宣传标语，在各个厕所内张贴学生自编的《文明如厕公约》；手绘健康小报，进行友情提醒；探究科技运用，开展创意设计，进行成果分

享；组建科普空间小小讲解员队伍。

七、活动效果

1.大家培小，纸入心灵

在小培师生的眼中，废纸很宝贵。每周一次的废纸回收成了学校一道亮丽的风景线。绿色环保的理念不仅植入了孩子心灵，也植入了每个家庭中。孩子是这一活动的参与者，是核心，是关键，一个孩子能带动一个家庭甚至一个社区的环保理念，这也是我们当初没有想到的。

2.大家培小，纸行合一

（1）营造文明如厕氛围：习总书记指出："厕所问题不是小事情，它是基本的民生问题，也是重要的文明窗口。"我想说，在培小，在各个厕所内，也在发生静悄悄的革命，张贴学生自编的《文明如厕公约》，手绘健康小报，进行友情提醒，"七步洗手法"更是生动的卫生习惯教材。

（2）开设校本课程：师生以厕所为研究对象，开设"走进CS"课程：调查厕所演变，了解地域差异，设计宣传标语，探究科技运用，开展创意设计，进行成果分享。通过一系列学习实践，不仅增进学生对厕所的了解，培养学生的公益情怀，更有效地促进学生想象力、创造力的提升。2018年，"走进CS"社团荣获了江苏省红领巾优秀社团奖。

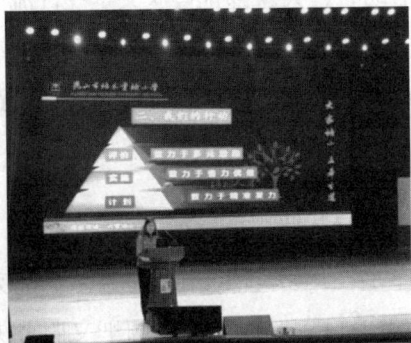

（3）进行公益活动：废纸置换厕纸不仅满足校园内厕纸需求，还义务提供昆山市区一家社会公厕厕纸。孩子们在知道后都为做了这么了不起的事情而感到骄傲。2017年，学校被中国公益研究院评为"厕所革命先锋"。

3.大家培小，引领"绿色学校厕所革命"

（1）2018年11月27日，由教育部学校规划建设中心和陕西省教育厅主办的首届绿色学校"厕所革命"研讨会在西安召开。来自全国各地的业内专家及学校代表齐聚一堂，共同探讨教育与厕所的深度融合。校长陈惠琴以"大家培小，'纸'因有你"为题介绍了学校"废纸置换厕纸"公益项目的开展情况，受到了与会专家的高度称赞。专家表示，昆山市培本实验小学创建的"绿色校园厕所科普空间"作为绿色学校厕所示范项目不断地跟进和完善，将逐步打造成教育部门2020年未来学校厕所示范基地，并向全国推广。

（2）2019年3月1日，由苏州市教育局、苏州市慈善总会联合打造的"废纸宝宝旅行记——废纸置换厕纸项目启动仪式"在胥江实验中学举行。全市中小学300名左右师生代表参加了活动。学校再次在大会上进行了交流分享，一时间，有众多学校纷纷到昆山市培本实验小学考察学习。

八、活动反思

1.德育活动就要做有意义的事

2014年，昱庭公益基金会发起免费厕纸活动时，大家都觉得这又是一件流于形式的环保活动。但作为一名德育工作者，应该有这样的意识：努力挖掘小活动背后蕴含的教育价值，只要对孩子的成长有意义，那就要认认真真地开展，踏踏实实地落实，赋予活动教育意义。

2.有意义的事情要做得有意思

废纸回收不仅是在回收一张张废纸，还是在培养学生讲究卫生、不乱丢废纸的习惯，更是在为创建生态文明贡献一份力量。置换回来的厕纸又服务大家，让孩子感受服务他人的幸福感。如此有意义的事如何让孩子们愉快接受，乐于参与呢？那就要创新活动形式。回收榜单，"种植"小树苗，颁发志愿奖章等激励方式寓教于乐，真正做到了教育无痕，体现了润物无声的德育魅力。

3.把有意思的事做得有深度

围绕绿色校园生态科普空间这一有利平台，从公益活动拓展到生态空间课程的开发，开辟学生参与实践活动的新路径、引发学生承担社会责任的新领域，把环保、生态、担当的价值观种进孩子心里，教给学生一生有用的东西中不可或缺的一部分。

4.把有意思的事做得有广度

一只萤火虫的光芒并不起眼，但一百只、一千只、一万只……乃至更多呢？那就是一团火。星星之火，可以燎原。我们希望用我们的热情感染到更多的人，希望通过学校这一桥梁，凝聚家庭、社区等多方资源合力一起来做好这件事，让更多的人一起加入"厕所革命"的行列中来。

永不消逝的那抹"红"
——红领巾寻访红色基因案例

一、活动缘由和目的

2016年正值长征胜利80周年，全国掀起一股纪念长征胜利活动的热潮。借此契机，秉着传承长征精神的主要目的，我们要展示当代少先队员的风采，开拓新时代的长征精神，用我们自己的力量为那些需要帮助的人送去一点温暖，用我们自己的实际行动来感染一些身边的人。

开展"传承长征精神寻访先辈事迹"寻访活动，就是要少先队员了解长征是中国共产党领导和人民军队创造的英雄壮举；认识长征精神是保证我国的革命和建设事业不断走向胜利的强大精神力量，是中华民族百折不挠、自强不息的民族精神的集中体现，是中华民族宝贵的精神财富；引导少先队员树立民族自尊心、自信心和自豪感，继承革命的优良传统和优秀品格，弘扬伟大的长征精神，从而不断丰富革命传统教育和爱国主义教育内容，进一步加强和改进我校思想道德建设工作。

二、活动对象

学校大队辅导员、红领巾小记者团

三、活动时间和地点

活动时间：2016年9月1日下午1点

活动地点：昆山市亭林公园烈士陵园纪念馆

四、活动准备

1.收集有关长征的资料图片、视频及长征中的重要历史事迹和人物

2.大队旗、队标志

3.小记者带好记者证、记录本和笔

4.事先联系好纪念馆负责人

5.出行保障总务处张主任

五、活动过程

二万五千里长征，是中国工农红军以血肉之躯谱写的人类历史上无与伦比的英雄史诗。为了弘扬红色精神和红军长征精神、缅怀革命先烈，培养队员艰苦朴素、勤俭节约、迎难而上的作风，2016年9月1日下午，昆山市培本实验小学红领巾小记者们换上了军装，在大队辅导员朱凤老师的带领下，来到了昆山市烈士陵园纪念馆。在参观了烈士陵园陈列品之后，小记者们带着崇拜之情聆听工作人员讲解那些陈列品背后的传奇故事。采访过程中，小记者们积极提问，认真记录，了解了很多长征路上的英雄事迹。在现场采访之后，小记者们还制作了寻访微视频，在培本电视时间向全校师生播放共享，号召大家不忘历史，向先烈们学习。

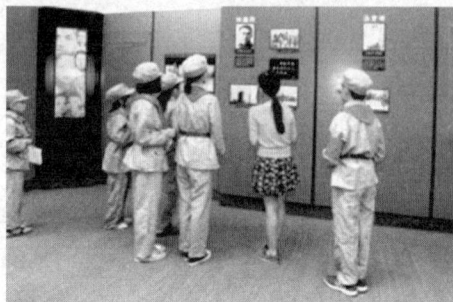

六、活动小结

观烈士陵园

一个人，一种精神；一个人，一份荣誉，在这个团队中，无数人流尽了自己的最后一滴血；在这个团队中，有无数遍胜利喜悦的欢笑声；他们是谁？就是我们的烈士们。

走进烈士馆，那里有许多牌子，上面有关于烈士的精神，有的牌子上有关于他们的照片，但有的没有。我还看见了许多烈士们死后留下的纪念物：奖状、钢笔、书、军棉帽……都让人肃然起敬。看着这些资料，我很佩服他们：他们为了老百姓、为了国家而牺牲了自己的生命。

从陵园出来后，我心里感到：世界上少一个人是多么的痛苦，因为这就意味着少了一个创造美好家园的建设者。所以，我们为这些革命烈士们悼念，让我们好好感谢他们，我们不会忘记这些失去生命的烈士！让他们活在我们心中，让我们不惜代价地守护着他们，我们要向他们学习舍己为人、崇高的精神！

想到这儿，我心里不禁想起毛主席的一句话：生的伟大，死的光荣！

（红领巾小记者　金梓凝）

那个年代，那种精神

从亭林公园烈士陵园中缓缓走出来，所有人眼中都蒙着一丝惆怅与淡淡的忧伤，脑海中思绪万千……一张张坚毅挺拔的面孔浮现在脑海，一句句铿锵有力的豪迈誓言萦绕在耳边。

在那个硝烟滚滚的战争年代，老百姓的生活苦不堪言。红军为了将可恶的敌人驱逐出我们的土地，为了百姓的安危，完成了常人无法想象的二万五千里长征，历经了无数几乎不可能完成的困难：巧渡金沙江、飞夺泸定桥、喜跨岷山雪……这些事迹无一不见证了红军的英勇无畏与齐心协力。

多少奋斗，多少牺牲，在迎来了翻天覆地的变化面前都是值得的。

不要再为所谓的困难而抱怨，相比红军在二万五千里长征中所遇到的重重艰难险阻而言，我们的这些困难简直不值一提。

所以，从现在起，别再辜负家长、老师的期望了，也别再抱怨学习的枯燥与乏味了，好好努力，为祖国贡献出自己的一份力量，这也许就是在天上的军人们愿意看到的场景吧！

（红领巾小记者　金蕾嘉）

长征精神代代传

"红军不怕远征难,万水千山只等闲。"长征精神激励着一代又一代人不畏艰险,勇往直前,团结一心,艰苦奋斗,去开创中华民族的伟大新时代。

在纪念红军长征胜利80周年之际,我们一群少先队员代表穿着红军服,戴着红领巾,满怀激动地走进了位于亭林公园内的革命历史纪念馆。

进入烈士陵园,一张张鲜活的照片映入眼帘,一段段生动的文字吸引着我的目光。看着照片,读着文字,我仿佛看到了在硝烟弥漫的战场上,一个个革命烈士冒着枪林弹雨浴血奋战的场面,心中升腾起无限的崇敬之情。

后来,我们几个小伙伴又围着解说员阿姨问了好多关于长征的问题。阿姨精彩而详细的回答让我们更加了解了长征这一段伟大的历史,知道了革命烈士们可歌可泣的故事。

我想:如今的我们生活在阳光下,幸福快乐。我们现在拥有的一切美好都是革命烈士抛头颅,洒热血,用生命换来的,我们更应该倍加珍惜。作为一名少先队员,我们应该发扬长征精神,刻苦学习,奋发向上,将来为建设祖国贡献自己的力量!我们要让长征精神永远流传下去,千秋不朽!

(红领巾小记者　孙昀昊)

漫漫长征,艰苦解放

在9月1号这一天,我们参观了亭林公园革命烈士陵园。讲解员老师为我们讲述着当时解放战争发生的感人事迹。听着这些革命先烈的事迹,看着他们的遗物,心中荡漾起一阵阵的海浪,如潮水般涌入。

革命先烈们,他们用汗水、鲜血甚至是生命,为我们打造了现在美好、幸福的生活。他们为祖国殉职、捐躯;和敌人顽强厮杀、搏斗。他们的鲜血染红了国旗，作为祖国的新一届接班人，我们更应该担起这份重大的责任。胸前飘扬的红领巾，是国旗的一角。作为少先队员，我们要学会尊重革命烈士，继承他们的遗志，为祖国富强而奋斗。革命烈士们不畏艰苦，不怕困难，勇往直前，无比爱国，他们是我们的英雄！

漫漫长征路上，许多红军战士战死沙场，或是被艰苦的环境所折磨得饥寒交迫，以致过世。在艰苦的解放战争路上，我们的先辈英勇无比。这是中华民族的骄傲！让我们一起学会尊敬革命烈士，并且努力学习，以后造福祖国！

（红领巾小记者　耿泽一）

七、活动延伸

1.通过各类课堂的方式，积极开展了解长征历史活动；通过少先队活动课、道德讲堂、少年宫活动等多种形式开展主题教育活动；通过语文、音乐、品德等课堂主阵地帮助少先队员学习长征组诗、学唱长征组歌，让队员了解长征的背景与伟大的历史、政治意义，让队员明确长征路途的艰险，从而进一步理解长征精神的深刻内涵。

2.通过学校广播、校园电视、宣传橱窗、校园网站、学校微信公众号等各类宣传途径，宣传长征精神。同时，通过组织校内长征组歌演唱比赛、知识竞赛、影片赏析等活动，构建全面立体、动静结合的宣传教育格局，营造浓厚的宣传教育氛围。

3.设计丰富的体验活动。通过社会实践活动、主题体验活动等方式，开展"红领巾寻访长征精神"系列活动，通过"寻访长征英雄家庭""认识长征路上红色少年""搜集长征故事""重温长征征途"等活动，引导广大少先队员通过寻、访、问、看、记等多感官体验活动加深对长征精神的了解，形成自我的情感体验与思想认识。

八、活动效果

"传承长征精神寻访先辈事迹"系列活动,让小培娃接受了一次深刻、生动的红色教育。不仅了解了"长征那些事儿",学习了长征英雄模范的感人事迹和精神品质,而且懂得了今天的幸福生活来之不易,是无数革命先烈不惜牺牲自己的生命换来的。本次活动让少先队员学习了革命先烈的动人事迹,发扬长征精神,勤奋学习、自强不息,深入践行长征精神,做新时代的好少年。

九、活动反思

1.在具体活动实施过程中,辅导员老师作为活动的"引导者",应激发队员的主体作用,引导他们自主探究,促进他们团队协作的能力,成为活动前、活动中、活动后真正的"主人"。

2.结合此次活动,还可以开展"我是当年小红军"实践活动,举行勤俭节约、自强不息系列比赛,促进队员改掉身上的不良习气,争做新时代的好少年。

我们的节日——小培元宵灯谜会

一、活动缘由和目的

中国的传统节日经历了漫长的发展过程，积淀了形式多样、内容丰富的文化资源，对于整个民族来说是一笔巨大的精神财富，对于塑造民族品质、培育民族精神都有积极作用。但目前我国传统节日出现了节日氛围淡化、节日的深层文化内涵缺失等现象，再加上传统教育的缺失，许多孩子对传统节日越来越陌生。因此学校结合元宵节开展灯谜会，通过收集元宵节的资料、灯谜信息、了解花灯制作方法，了解元宵节的来历和风俗习惯，感受中国传统节日的魅力，从而培养学生文化认同感和文化自信心。通过变废为宝的花灯制作，布置活动现场等环节，锻炼学生的动手实践能力、团队意识，激发孩子们的环保意识。通过与家长一起参与，增进学生与父母的亲子关系，让孩子们感受亲情，珍惜亲情，懂得感恩。

二、活动对象

全体师生及家长志愿者

三、活动地点与布置

1.班级出好主题为"我们的节日——元宵"的黑板报。

2."元宵课堂"在班级开设。

3.元宵灯谜会：一、二、三年级在班级开设课堂猜谜会，准备好谜语、奖品。

4.校园灯谜会：四、五、六年级在指定的地方举行，准备好谜语，谜底兑奖处。

四、活动过程

（一）元宵课堂

安排： 一、二、三年级开设"小培家长课堂"

四、五、六年级开设"小培娃课堂"

主题： 我们的节日——元宵节。

本环节注意点：

（1）一、二、三年级班主任配合做好家长讲师团的招募，具体要求由德育处统一拟通知下发，班主任做好解释和动员工作。

（2）四、五、六年级班主任请在2月28日确定"小培娃课堂"的主讲小培娃，上报德育处。可以一个学生负责，也可以学生组队进行。

（3）"小培家长课堂"和"小培娃课堂"都是以元宵节为主题，主要：①讲解元宵节的来历、风俗、传说；②介绍中国灯谜。为了给孩子们带来生动形象的感官体验，上课讲师请准备相关的PPT、实物等。PPT最后一页请附上制作者的照片以及身份。上课讲稿和PPT由班主任负责收齐，3月5日统一上交德育处。

（二）元宵灯谜会

1.一、二、三年级进行课堂猜谜会

主持人：班主任和家长志愿者

由班主任组织带领孩子们进行谜语的竞猜活动。

本环节准备工作：

（1）以"我们的节日——元宵"为主题出好一期黑板报，活动当天利用学生上交的彩灯进行班级氛围布置。

（2）班主任请提前准备好谜语，并在教室PPT上播放，请学生进行竞猜。得奖者由家长志愿者颁发奖品。

2.四、五、六年级进行校园灯谜会

地　点：四年级：停车场走道

　　　　五年级：操场边走道

　　　　六年级：日知园及周边走道

本环节准备工作：

（1）以"我们的节日——元宵"为主题出好一期黑板报，活动当天利用学生上交的彩灯进行班级氛围布置。

（2）四、五、六年级各班到指定区域参加现场猜谜活动，每班须招募3名家长志愿者参与，班主任做好发动工作，2月28日将家长志愿者名单上报德育处。活动当天由德育处统一对家长志愿者进行培训。

（3）现场猜谜活动规则：

①每位学生将收到3张参与卡，一张卡参与一次猜谜活动，每次限猜一条谜语。

②猜谜要有秩序，不要大声喧哗。

③谜底猜出后，猜谜者只需把谜面号记住，不能将谜面取下，到谜底兑奖处核对答案，确认无误后，由家长志愿者登记后取下谜面发放奖章。

④核对答案要排队守秩序，违反者取消猜谜资格。

⑤班主任在活动前进行安全和纪律教育，并告知学生活动规则。

五、活动拓展

学生活动感受交流分享，收齐资料后进行汇编，成为《我们的节日》课程。

六、活动效果

1.元宵节校园被小培娃、小培老师和小培家长志愿者的热情点亮了。花灯摇曳，灯谜飘飘，校园传统文化氛围的营造激发了学生的兴趣，让学生感受到了传统文化的魅力。

2."小培家长课堂"和"小培娃课堂"上，大家一起分享元宵节的来历、习俗，孩子们对"元宵佳节"和"灯谜"有了进一步的认识。

3.小培家长志愿者的积极参与，丰富了教学资源，拓展了学生的知识面，同时也增强了亲子间的互动，增进了亲子关系。

七、活动反思

1.学校教育活动应加强节日内涵的传承，可以因地制宜，结合学校实际情况以及当地独具特色的传统节日习俗开发相应的校本课程；可以通过各种校园活动和社会实践活动，创造性地将传统节日的精神文化要素融于其中。组织开展"我们的节日（春节、中秋节、端午节、重阳节、清明节）"系列主题教育活动；可以通过传统节日的礼仪活动、文艺作品等多种形式来引导学生加深对传统节日的理解与体会。

2.结合时代要求丰富传统节日文化内涵。韩愈说过，"民俗既迁，风气易随"。发扬传统节日的文化内涵，根据时代的需要，在节日活动中传承、传播中华民族的优秀文化和现代社会先进文化，建立既有传统特色又有现代气息的节日文化体系，使传统节日与现代生活相结合，重新焕发生机活力。

想说爱你不容易
——关于校本课程的开发与纲要编写

一、课程开发背景分析

校本课程是国家课程与地方课程的补充、延伸和完善。校本课程的开发是提高学校教师素质的一个重要途径和方法。校本课程的编写也尤为重要，学校因此成立了校本课程纲要编写小组。

二、校本课程开发的总体目标

课程的开发要充分尊重和满足学生需要，以使学生素质、个性和人格得到充分、自由的发展和健全为目的，在具体实践过程中，要始终坚持以学生的需求为本。

课程的开发要照顾到学生的心理特点，课程的内容要丰富多彩，富有吸引力，使学生产生浓厚的兴趣。课程的实施过程中，要时时关注学生的学习感受和乐趣，真正让学生学有所乐、学有所得。

在校本课程的编写过程中，还要考虑学生的层次性、差异性。既强调面向全体，也不能忽视由于受个人修养、禀赋、爱好制约而呈现的个体差异，给予学生不同的要求和切合实际的指导。

三、校本课程开发与实施的原则

1.目标准确——清晰的原则

课程的开发不是强化新课程标准，而是在新课标的基础上进行完善和补充。基于这样的认识，在制定目标时应坚持准确、清晰的原则。

2.内容优秀——贴切的原则

校本课程的内容是目标的具体化，它是在目标明确后教材的选用和组织，是开展教学的泉源。内容的选用和组织必须符合学校、学生和教师的现实，它必须是在我们老师自己的能力范围之内，不能脱离学生的实际需要，当然也不能过多地依赖于教师个人的思维框架和传统经验。

3.途径有效——创新的原则

途径是课堂教学时生动展现校本课程内容、达成校本课程目标的操作过程。只有有效的途径才能很好地展现教学内容的内涵，只有有创意的途径才能更好地激发学生的学习兴趣，从而收到事半功倍的效果。

4.评价规范——灵活的原则

建立规范、灵活的评价机制是有效实施校本课程的重要保障。我们的课程开发是以学校、老师的决策为主体的，课程的目标、内容都是由我们自己制定、安排和确定的，在整个过程中肯定隐含着很多不合理、不科学的因素。因此在实施中必须多次地进行规范的自我评价，课后及时反思实施中出现的问题，并针对这些问题进行分析、研讨，从而修整课程，促使校本课程开发得到良性发展。

四、校本课程评价方式

1. 随堂评价：由校领导和指导小组随堂巡查评价，研究总结课程开发过程中的组织形式、授课过程及其他。

2．问卷评价：向学生、家长进行问卷满意度调查，针对调查中的建议适时调控教学方法。

3．成果展示评价：在半学期、学期末定期组织展示。

附：4个校本课程纲要详版

《百年培本百问百答》校本课程纲要

课程名称	百年培本百问百答		课程类型	社会实践类
适用对象	五年级	总课时	10课时	人数	16

课程背景（500字以内）	【课程定位】 1.让学生学会通过各种渠道和方法收集信息，并能按照一定的要求进行提炼和分类 2.通过团队协作，让学生养成团结互助的优良习惯 3.通过活动加深学生对学校的了解，增强学生热爱学校的思想感情 【教材（或活动）分析】 本课程的教材包含了整个学校以及诸位老师、学校工作人员 【学情分析】 五年级的学生已经进入校园五年了，在这个时间段里他们的变化很大。无论是在学习上还是生活上，他们都有一种极强的竞争意识，乐于表现自己；独立能力增强，课后能够自行组织活动；同时也有了自己的打算和想法 【资源分析】 自编课程，自制PPT，多媒体教学设备，实物投影仪，图书馆，A4纸
学习目标	1.通过活动改变学生羞于表达、不善言辞的表现，使之敢于与人交际，乐于表现自己 2.通过该活动的组织形式，让学生学会团队合作，提高团队精神、参与意识，养成团结互助的良好习惯 3.通过和校长、教职员工的交流，树立正确的口才观，学会应对、倾听和表达，激发学习运用社交口语的兴趣 4.了解培本实验小学的历史演变，增强学生热爱校园的思想感情

	单元主题	课时	内容或活动	实施要求
学习主题／活动安排	第一单元《你了解培本吗》	第一课	先提出孩子们对培本了解多少,再介绍培本实验小学,最后请孩子们思考他们想知道有关培本的资料有哪些	准备好资料和PPT,展示学生对学校的了解,激发学生深入了解学校的兴趣
	第二单元《培本百问》	第二课	**主题一:校园百问** 学生就学校的历史变迁提出问题,明白学校的发展演变,感受百年老校的历史厚重和底蕴	学生都有一定的独立自主能力,因此本单元以学生为主,老师在旁辅助
		第三课	**主题一:校园百问** 学生对培本实验小学的学校资源进行提问,了解学校在硬件和软件上的优点和不足之处,提出建议,让学生也加入学校这个大家庭中来	教师提前准备好有关资料和课件,引导学生对学校产生好奇,提出问题 学生不仅是在教室里自己思考,还在老师的带领下参观校史室、名人墙和特色雕像等,提前准备好小卡片,搜集参观途中提出的问题并把它记录下来
		第四课	**主题一:校园百问** 学生寻找学校的特色文化并提出问题,了解培本实验小学有哪些特点,曾举办过哪些活动,深入理解校园文化	

续表

	单元主题	课时	内容或活动	实施要求
学习主题 / 活动安排	第三单元《百问百答》	第五课	**主题二：百问百答** 分小组选取问题，学生们利用课堂时间，通过询问教职人员、去图书馆查找资料等方式解决问题	教师汇总问题，并对其中有价值的问题进行筛选，按照每个小组的兴趣进行分配 通过寻找问题的答案这一过程，既锻炼了孩子的团队合作的能力，运用社会交际用语的能力，也加深了学生对学校的了解
		第六课	**主题二：百问百答** 分小组选取问题，使用课堂上的时间解决一部分问题，课后通过网上查询资料等方式解决难题	
		第七课	**主题二：百问百答** 汇总已经解决的问题，出示难以解决的问题，由全社团的成员群策群力，解决难题	
	第四单元《创作手抄报》	第八课	**主题三：写写画画** 准备好绘画工具和纸张，通过画画的方式将提出的问题和找到的答案画下来，制作成手抄报	进行动手操作，要将问题和答案制作成手抄报收集起来，制作时要注意团队合作，分工明确
		第九课	**主题三：写写画画** 准备好绘画工具和纸张，通过画画的方式将提出的问题和找到的答案画下来，制作成手抄报	

	单元主题	课时	内容或活动	实施要求
学习主题/活动安排	第五单元《汇总考核》	第十课	**考核** 汇总提问和答案，还有手抄报。对问题、答案进行评价，再选出制作精美的手抄报，进行鼓励和表扬	了解学生收集和整理资料的能力、与人沟通的能力和动手能力
学习评价			【评价活动】 A.学生评价：该评价环节放在第二单元，在这一环节中，首先需要学生小组合作，其次集体评议。评议时，教师要给学生提供评价的标准及评价原则。由学生自己来评价自己的问题是否有价值，根据评价选取有价值的问题 B.集体评价：这一环节放在第四单元，需要老师的参与，由老师进行点拨，让同学参与评价，选出制作精美、有闪光点的手抄报，同时也要指出一些存在问题的手抄报，提出建议，进行修改 C.作品展示：在第五单元这一环节中，选择出优秀作品后，进行展示，精美的手抄报能吸引孩子们的注意力，也能树立榜样，激起他们的好胜心。同时，手抄报的制作情况，也能看出孩子们是否用心了，教师可以对此进行表扬和鼓励 【评价要求】 ★　问题有价值，答案齐全 ★★　手抄报基本完成，比较粗糙 ★★★　手抄报制作用心，图画精美			
备注			孩子们虽然都在学校中学习，但对母校的了解却较少，《百年培本百问百答》这一课程能培养孩子的合作能力、动手能力，在活动中了解母校的历史和现状，增强孩子对母校的热爱、赞美和感激之情			

《走进 CS》校本课程纲要

课程名称	走进CS		课程类型	立创课程
适用对象	六年级	总课时	10课时	人数	20

课程背景 （500字 内）	【课程定位】 《中长期教育改革和发展规划纲要》中指出重点是面向全体学生，促进学生全面发展，着力增强学生服务国家人民的社会责任感，勇于探索的创新精神和善于解决问题的实践能力。为此，培本实验小学整体构建了学校的"本道课程树"课程体系，整个课程体系包括"五立"课程，"厕所文化"校本课程属于"本道课程树"体系中立创课程群板块 【教材（或活动）分析】 习总书记近几年多次提出厕所革命，并指出："厕所是人类文明的尺度。"顺应时势，我校开展"厕所文化"课程，能够在一定程度上从根本上提升国民素养，展现强国姿态。在社会文明发展的今天，厕所能很好地反映出人们的一些心理现象和精神面貌。良好的如厕环境不仅为人们日常生活所必需，也是衡量一个国家经济实力、文明程度甚至是价值取向的一个重要标志 【学情分析】 六年级学生处于儿童到青少年的过渡阶段，他们对社会开始慢慢地认知了，对事物的好坏也有了判断能力。"厕所"在他们的认知中，应该是比较遭人嫌弃的地方，这一想法对改善厕所的环境带来很大的阻碍。因此，我们需要通过"厕所文化"课程去改变这种思维的定式
学习目标	本课程核心育人价值定位在了解并发扬厕所文化 具体目标： 1.了解厕所文化的发展，逐渐对厕所文化产生兴趣 2.学习各国的厕所文化，体会我国在厕所发展上的不足，激发民族自强意识 3.提出对厕所文化发展的要求，展望厕所文化的未来，从身边开始，发扬厕所文化

	单元主题	课时	内容或活动	实施要求
学习主题 / 活动安排	了解厕所文化	1	初识课程	带学生初步认识课程，了解学习要求
		1	学习厕所的演变	通过展现从古至今的厕所演变过程，让学生初步了解厕所文化
		1	了解厕所文化的差异	通过学习各国不同的厕所文化，分析我国在厕所文化发展上的不足
		1	分享厕所的奇闻逸事	分享厕所中的奇闻逸事，激起学生对厕所的好奇
	展望厕所文化	1	认识厕所宣传标语	从宣传标语入手，让学生知道宣传标语在厕所文化中占据着重要地位
		1	探究厕所科技运用	通过科技的探究，让学生体会，科技能让厕所文化发展走上更高的台阶
		1	展开奇思妙想，畅想理想厕所	通过学生的大胆畅想，构建心中美好的厕所

续表

学习主题 / 活动安排	分享厕所文化	1	厕所标识设计	让学生设计厕所宣传语和标识，从我做起，从小事做起，发展厕所文化
		1	标识设计分享	设计的分享，博采众长，把优秀的作品贴在学校厕所，让学生有一定的成就感，从而在校内起到宣传作用
		1	分享学习感受，书写心得	同学们分享学习课程的收获

学习评价	【评价活动】 （1）采取自评形式，让学生自己对设计"厕所标识"进行评价，将评价维度分为： A.有趣味；耳熟能详；美观　B.缺乏趣味；不容易记住；不够美观 （2）采取互评形式，鼓励学生上台展示、演讲，然后集体评议。同时鼓励学生按照一定的评价原则和指标，对其他人的表现进行点评，以积点形式为他人的作品点赞 （3）采取教师评的形式，也就是教师在整个实施环节和最后的展示环节参与评价和点拨：及时给予学生正确的、合适的、激励的评价语言和评价方式 【评价要求】

能力发展	一颗星	三颗星	五颗星
认真听课			
积极发言			
宣传语设计			
标识设计			

备注	我们必须关注厕所文化的建设，提高生活品质。《走进CS》课程能让孩子了解古今中外的厕所文化；插上想象的翅膀，畅想中国的厕所文化

《三贤讲堂》校本课程纲要

课程名称	三贤讲堂			课程类型	立德课程
适用对象	六年级	总课时	10课时	人数	30

课程背景	**【课程定位】** 培本小学所在地原为玉山书院，是朱柏庐先生传经讲学之地。同时为纪念顾炎武、朱柏庐、归有光，培本小学校内原设有一座三贤堂，而现在学校倡导的"本道教育"便是对三贤文化的继承与发展。通过课程的实施，让学生了解贤文化在学校的落地生根，并以弘扬三贤来传承贤文化 **【教材（或活动）分析】** "敬三贤人，见贤思齐"蕴含深远、深邃、深厚的文化底蕴，在传承、演绎和发展中形成了最具特色的学校文化——贤文化。三贤讲堂课程的实施，发挥了学生的主体作用，激发学生的创新意识和创造动力，引导学生在反复的实践中感悟贤文化的时代魅力和文化气息，形成对贤文化的独特思考和理解。在学习的过程中，获得道德认知、体验道德情感、形成道德意志、优化道德行为，使贤文化真正内化为全体师生"敬三贤人，见贤思齐"的道德观念和行为规范 **【学情分析】** 通过询问得知，处于高年级的学生对于一些经典的优秀文化有了一定的阅读鉴赏能力，尤其昆山这个物华天宝、人杰地灵的地方，涌现出了许多优秀贤人，像昆山三贤对于学生而言并不陌生，三贤文化已经根植于昆山的各个角落、各行各业，但平时没能系统性地去学习感悟，学生对他们的了解只是停留在表面，从与学生的交流过程中，切身地感受到他们对于昆山本土优秀文化的渴望 **【资源分析】** 学校早前就有《见贤思齐》校本教材读本，重视历史类课程的开发、开设与实施，学生已对相关人物有了一定的了解。同时，为传承优秀文化，东校区五楼有一间命名为"玉山书院"的教室，其间布置有很浓的三贤文化味。除此之外，作为土生土长的昆山三贤名人，众多学生对此都不陌生，大街小巷都有三贤文化的影子，潜移默化地对学生感染熏陶着，使他们有了一定的文化基因

学习目标	（1）通过学习《三贤讲堂》，初步了解顾炎武、朱柏庐、归震川的生平经历及代表作品，指导交流，培养学生搜集及阅读能力 （2）通过阅读思考顾炎武"天下兴亡，匹夫有责"的家国情怀，深入了解他的内心世界，提高对顾炎武的认知，丰富学生的精神世界 （3）通过"手抄报""硬笔书法""我和三贤有约"等活动的展开，提高学生对三贤文化的认识，真正外化于行，内化于心 （4）通过感悟贤文化，有助于增益学生的生活智慧，改善其思维方式和行为方式，引导学生以三贤为楷模，仰先贤学先贤，做一个爱祖国、爱人民、爱学习、爱思考，有道德、有远见、有智慧、有作为的人，为实现中华民族伟大复兴的中国梦增光添彩			
学习主题/活动安排	单元主题	课时	内容或活动	实施要求
	研三贤	两课时	全面了解三贤生平，尤其是顾炎武的历史地位，论三贤对中华文化的影响	激发学生的学习兴趣和积极性；课前准备PPT以及相关资料
	品三贤	两课时	介绍顾炎武广为人知的两大文化贡献，即其学术成就以及明清之际的进步思潮	准备PPT；由浅入深、循序渐进地讲解，启发式提问；指导书写三贤书信
	传三贤	两课时	介绍三贤的思想主张和学术成就	通过自主、合作、多媒体展示等，赏析三贤思想主张和学术成就；开展讨论会
	画三贤思三贤	两课时	介绍顾炎武的名篇名句、学习归有光的《项脊轩志》	通过多媒体等手段，赏析三贤的佳句名篇；指导绘制手抄报；启动书写比赛

学习主题 / 活动安排	吟三贤	两课时	介绍顾炎武高度的社会责任意识、历史使命感和爱国精神。评论《朱子家训》	通过多媒体等手段，观看三贤视频；展开三贤诗歌吟诵活动、美文展示会等，激发学生的学习兴趣

学习评价

本课程灵活运用各种有效的评价手段，对学生的知识与能力、过程与方法、情感态度与价值观做出定量和定性相结合的评价。同时，辅助以丰富多元的呈现形式，诸如征文比赛、诗歌朗诵、讨论会、书写比赛、美文展示、手抄报展示等方式，既是学生在本课程的成果积累所体现，也是课程评价的重要考量，引导学生在潜移默化之中茁壮成长。

【评价要求】

评价维度	一颗星	三颗星	五颗星
上课出勤			
交流分享			
书写比赛			
美文展示			
三贤有约			
小组汇报			

备注

《三贤讲堂》课程始终以顾炎武强烈的爱国主义精神、归有光高度的社会责任感、朱柏庐高尚的道德人格风范和脚踏实地的学风为主题，通过三贤的思想和精神浸润学生的心灵；让学生在了解三贤日月经天、江河行地的伟大一生的同时，提高道德素养，升华人格，增强社会责任意识和历史使命感，并内化为精神动力，外化为亲身实践，为中华民族的伟大复兴提供强大的人文支撑

《创意童诗吟唱》校本课程纲要

课程名称	创意童诗吟唱		课程类型		立美课程
适用对象	5~6年级	总课时	10课时	人数	20
课程背景（500字内）	_	_	_	_	_

【课程定位】

儿童诗教学更加贴近儿童的纯真天性，充满智慧与灵动气息的儿童诗歌作品，让孩子得到文学启蒙、增加语言积累、提高人文素养；用心编制的儿童诗歌曲，促进孩子视听、大脑、身心智能的发展，同时培养其观察力、想象力、语言能力及审美能力的发展。在轻松自由的氛围中，培育孩子诗歌创作的潜能，在让身心、智能得到健康发展的同时，也让孩子在互动分享中培养表达能力、交往能力、欣赏能力，培育儿童具有创造力的健康人格！

【教材（或活动）分析】

儿童诗在丰富儿童心灵和情感，发展儿童审美和语言能力等方面都是优秀的文学体裁。该课程主要围绕创意童诗编写展开系列研究活动，我们围绕主课题"诗情画意"展开了8个主题共计10次研究活动，分别是读诗、品诗、作诗、斗诗、译诗、画诗、诵诗、唱诗

【学情分析】

此课程面向学校五、六年级的学生，年龄为12岁左右，由于儿童年龄比较小，他们对事物的认识还比较肤浅，认识的程度不深，所以他们往往使用浅显的语言和表达形式表达丰富的个性化的理解和认知。他们很少有成人的世俗想法，所以他们的话往往没有遮拦，更加清纯，更加干净。即使错误的理解，也是可贵童心的真实反映。因此，儿童的语言是具有创造性的，儿童是天生的诗人，是天生的创造者

【资源分析】

1.每周固定时间，我们相约七星斋，一起读诗、写诗，感受诗歌的芬芳与美好

2.《中国最美童诗》是我们的好伙伴，我们总能从中找到产生共鸣的梦想与力量

3.学校定期会微信推送"小培诗语"，邀请创作者和老师或同学或家长一起把孩子们创作的童诗吟诵并录下来

学习目标	通过将朗诵、品悟、创作、吟唱这四者有机结合，来引导学生感悟童诗的特点，激发学生的童诗创作兴趣，引导学生创作童诗，以童诗的形式流露自己的真情实感，并在这一过程中提升学生的文学素养以及对文学作品的鉴赏能力和审美情操的陶冶			
学习主题/活动安排	单元主题	课时	内容或活动	实施要求
	第一单元《品读儿童诗》	第1课时	商讨课程架构	1.了解本课程相关知识 2.头脑风暴：讨论关于本课程，可以围绕哪些方面展开研究 3.搜集至少3首有趣的童诗，读一读，下一节课分享给小伙伴
		第2课时	读诗	1.交流各自搜集的儿童诗 2.阅读《中国最美童诗》，初步体会儿童诗人的写作趣味 3.选一首自己最喜欢的诗朗读并赏析
		第3课时	品诗	1.对交流的几首儿童诗进行赏析，互相补充，感悟大诗人写诗的独到之处 2.比较儿童诗与古诗与一般的文章有什么不一样？结合自己读诗的感受谈一谈 3.教师小结板书： 格式自由字数不限 语言凝练意境深远 想象丰富巧用修辞

续表

		第4课时	作诗	1.赏析几首具有代表性的儿童诗 2.为大诗人改诗，或模仿大诗人，续写一首诗，或自主创作一首小诗，不限主题
学习主题/活动安排	第二单元《创作儿童诗》	第5课时	斗诗	1.朗读自己编写的小诗 2.谈一谈自己创作的灵感，自己最欣赏的一句 3.互相品评，提出修改意见 4.根据同学提出的意见，修改小诗
		第6课时	译诗	1.将自己的原创童诗翻译成英文 2.自己翻译 3.组内交流，提出修改意见 4.完成翻译成品
		第7课时	画诗	1.诵读自己原创的小诗（中文版和英文版） 2.讨论每一首诗的意境，可以如何配画 3.动笔作画，勾勒线条，彩笔填充颜色 4.完善作品
	第三单元《唱诵儿童诗》	第8课时	诵诗	1.有感情地朗诵中文版儿童诗 2.教师指导注意：抑扬顿挫、富有趣味，配上动作，有创意地朗诵
		第9课时	唱诗	1.学唱几首儿童诗歌曲 2.选择简单的旋律为中英文两个版本的儿童诗编曲 3.练习演唱
		第10课时	展示成果	1.交流童诗社团课的收获 2.展示社团课的作品 3.用柔美的声音、细腻的情感来演唱童诗

续表

学习评价	**【评价标准】** 1.认为自己的作品语句通顺，没有错别字的为"合格" 2.巧用修辞手法或细节描写等的为"良好" 3.想象丰富，内容生动有趣的为"优秀" 4.采用自我评价、学生评价和教师评价相结合的评价手段 **【评价方式】** 1.为了鼓励学生树立表达的自信心，激发学生的想象力，增强学生的童诗创作能力，定期开展优秀作品展，加强宣传和对学生进行鼓励 2.将学生作品收录成集或通过会演等方式来展示
备　注	每一首童诗诞生之后，都会像蒲公英的种子，散落在爱诗、懂诗之人的心灵深处，为他们的世界增添一抹春色 唱诗　读诗 诵诗　品诗 画诗　诗情画意　作诗 译诗　斗诗

实施 SHI SHI

——目标引领的课堂教学方式优化之路

德育主题设计与实施
——以《春日生长》课程为案例

《春日生长》学生课程（一）

有趣的种子

【教学目标】

1.通过阅读，学生知道植物生长需要阳光、水分、适宜的温度和土壤等相关知识。

2.通过种植，学生感受小种子为成长而坚持不懈努力的精神。

3.通过体验，学生感悟在成长过程中需要自己的努力和坚持，才能拥有精彩美丽的人生。

【教学重点】

引导学生了解种子萌发的相关知识，初步感知植物生长的奥秘。

【教学难点】

引导学生感悟只有努力和坚持，才能拥有美丽人生的道理。

【教学准备】

绘本《小种子》　课件　视频

【教学过程】

一、播放视频，导入课题

1.同学们，我们平时所见到的花草树木，大部分都是由种子萌发生长而成的。那种子是如何成长的呢？我们一起来观看一颗种子的成长视频。

2.一颗小小的种子萌芽、成长，最后开花或结果，这一过程是不易的。在这个视频中，你看到了什么？

3.今天，我们就一起来学习关于种子方面的一些基础知识。

请同学们先来读读老师给大家带来的绘本故事《小种子》。

二、阅读封面

1.观察封面插图，说说你看到了什么？

2.观察插图和题目，想想它们之间有什么关系？

三、阅读画面，了解故事

1.出示画面，老师讲述故事，学生聆听，了解种子在旅行及成长中的遭遇。

2.小组合作，归纳总结。

把种子在旅行及成长中遇到的遭遇有条理地罗列在老师设计的表格中，组长记录后全班交流。

3.播放微视频，让学生了解植物生长所需的条件。

四、阅读故事，感悟道理

1.出示图片，师生再次阅读画面

（1）种子里有一粒特别细小的，你们发现了吗？小种子已经没有力气了，快跟不上哥哥姐姐了，你想对它说点什么？

（2）你觉得小种子能够活下来，植物能够健康地成长，还和什么有关系？

（3）故事中讲了小种子的一生经历了怎样的过程？种子是怎样一代一代传承下去的？

（4）风吹呀吹，小种子随风飘呀飘，忽然，一颗种子太幸运了，飘到我们的手里，你会怎样做？又会对它说些什么呢？

2.师生交流，感悟道理

其实，我们每一个人都像一颗种子，都在不断地成长，在成长的过程中，都会遇到很多困难和挫折，老师希望你们能够努力，坚持，战胜困难，面对挫折，健康成长，将来能够拥有自己美丽精彩的人生！

五、认识种子

1.现在就让我们一起来认识一些植物的种子。你能说出它们是哪一种植物的种子吗？

（出示种子图片：葵花子、花生仁、黄豆、苦瓜仁、绿豆、南瓜子和龙眼仁）

2.引导学生一一辨识各种植物的种子。

3.认识种子内部。

同学们，完整的种子的胚被种皮完全地包裹着，因为种皮对种子的胚起到保护作用。下面，我们来解剖种子。首先，把种子的皮小心地完整地剥开，剥开以后，就可以看到种子的胚——一个完整的种子的胚。大家再观察一下，你有什么发现？（出示种子结构图，依次展示胚的各部分名称：子叶、胚芽、胚根和胚轴）

4.了解种子发芽的知识。

六、总结

同学们，今天这节课，我们一起阅读了一本有趣的绘本《小种子》，也一起认识了种子，知道了种子的内部结构和种子发芽所需要的条件。下节课，我们就来一起学习如何进行播种。

《春日生长》学生课程（二）

我设计的一本书

【教学目标】

1.学生通过欣赏不同风格的书籍作品，了解封面设计的基本知识，发挥想象力为自己喜欢的一本书设计、制作封面。

2.在对封面设计的观察与学习中，培养学生的审美意识、设计能力及动手制作的能力。

【教学重点】

引导学生学习如何设计、制作一本书的封面。

【教学难点】

1.学生掌握封面的设计制作方法。

2.培养学生的审美意识、设计能力及动手制作的能力。

【教学过程】

一、新课导入

师：同学们，在我们的身边有一位忠实的朋友，它其貌不扬，方方正正，却始终在你最需要的时候给你帮助，你会从它身上学到许多知识，你能猜出这位朋友是谁吗？（板书：书）

二、分析探究阶段

1.师：书和我们朝夕相伴，你对它了解多少？这花花绿绿的封面上都有些什么？谁来说一说。(学生回答，师板书："封面""书名""图片")

2.引导、探究封面的组成：拿出自己准备的一本书，让学生仔细观察：看看上面还有些什么？有不懂的地方吗？

学生回答：……封面背面有一个符号不知道叫什么？它有什么用？（师板书："出版社名称""编者的名字、定价"）

3.师引导：这种符号叫条形码，我们还在哪些地方见过它？（提示学生回忆和妈妈去超市购物结账时的情景，让学生描述当时的情景并总结条形码的作用）

4.探究封面上图与文的关系：

（1）分析书名的书写要求：与平时手写的字有什么不同？

文字书写：规范、美观、醒目。

（2）观察封面图片与书名有什么联系？我们喜欢什么就画什么可以吗？图片的设计学要符合什么条件呢？

联系：书名就是整本书的主要内容。

5.老师出示准备的一本书——《说话的橡树》（结合这本书的封面试着回答）

师生补充小结：封面上的图片要与书名有关系，要能充分体现书名的内容。

6.探究封面色彩设计的要求：

出示另外一本书——《湿地狼人》，与《说话的橡树》进行对比分析，观察思考：这两本书在色彩上给予我们的视觉感受有什么不同？

《湿地狼人》讲述了一个恐怖故事，因此设计者选择了黑、深蓝、绿和紫等颜色，凸显阴森恐怖的气氛。

《说话的橡树》讲述了一个有趣的童话故事，设计者采用了明快的黄、绿、粉、橘等颜色，呈现出一种美好的、阳光的、幸福的、快乐的气氛。

小结：色彩的选择要符合整本书要表现的情绪。

三、指导创作阶段

1.出示三件范作，让学生看一看、找一找，总结封面设计的折法与表现方法。

2.出示"我们喜欢的书目"，引导学生根据自己的喜好和绘画水平，挑选自己适合的书目，分析可以画些什么。（学生回答）

3.教师针对不同层次、不同绘画水平的学生提出作业要求：喜欢画动物的学生可以选择与动物有关的书目，如许多男孩喜欢画兵器、武器，建议可以为《兵器大全》设计封面；绘画能力差，只能画简单的房屋、树木、日用品的学生，可以给《幼儿学画画》这类书设计封面；喜欢剪纸的学生可以给剪纸类的工具书设计封面……

4.指导学生进行封面的设计。

鼓励学生运用所学过的各种表现方式来为自己喜欢或适合的书设计封面。

教师巡回辅导，提醒学生遇到困难可以寻求同桌或老师帮助。教师即时辅导，解决难点。

四、展评阶段

请学生上台利用实物投影展示作品，介绍做法。提问：如果在书店看到这些书，你们想买哪一本？为什么？

学生互相交流，汲取他人作品中的优点。（鼓励学生给予公正的评价，教师加以点评）

五、拓展阶段

师：同学们，本课我们只为一本书设计了封面，课后同学们还可以为这本书设计编写上丰富的内容。你们看，就像老师带来的这本超薄的书一样，大家看看它的样子是不是很有趣呀！（展示这本书）这本书的折法与众不同，书里的内容采用了图文并茂的形式。

下一节课，我们就来运用已经学到的制作书籍的方法来制作我们的《春日生长》小书。

《春日生长》家长课程（一）

陪伴是最好的教育

【教学目标】

1.通过授课，家长了解到日常生活中有效陪伴的方法，感悟陪伴对孩子教育的重要性。

2.在种植过程中，通过亲子互动，家长体验到亲子陪伴的美好感受。

【教学重难点】

引导家长感受到陪伴是最好的教育。

【教学过程】

一、谈话导入

1.家长们，你们好！你们认为，在孩子的教育中，父母们可以为孩子做些什么呢？（家长畅所欲言）

2.如果，你还没有想好能够给孩子什么，那么就听我的，给孩子一些陪伴。这也许是我们家长唯一能做的，也是最需要做的事情。

二、陪伴的重要性

1.家庭教育中普遍存在的问题

①家长忽视与孩子之间的亲子互动。

②家长忙于工作，很少有时间与孩子进行沟通交流，有的甚至把孩子托付给爷爷奶奶，亲子关系逐渐疏离。

2.什么是充分陪伴

一是时间的充分，时间的充分好理解，就是数量层面的意思；二是精神的充分，则是讲陪伴的质量，就是不给孩子压力或者压力很低的陪伴。

3.哪些是无效陪伴

有些家长一边陪孩子一边打麻将，或是玩手机、看电视，根本没有投入完全的精力去和孩子相处，更谈不上了解孩子，就会很难理解孩子的某句话、某个行为，这些就是"无效陪伴"。

4.充分陪伴的误区

不少家长认为，孩子上学了，孩子的学业成绩应该成为自己关注的重点，所以很多家长就把监督孩子做作业、辅导学习作为家庭教育的全部，甚至不惜花大价钱把孩子送到各种辅导班。这样的家庭教育，实际上是把应试教育从学校延续到了家庭，就像成年人把繁重的工作长期延续到下班以后的时间，试想，一个孩子除了吃饭睡觉以外，其他的所有时间都被学习所包围，该是怎样的枯燥和乏味？这种没有独立思考、亲情交流的生活方式，不仅会让孩子慢慢失去学习的兴趣和热情，还会让孩子因害怕学习而厌恶学校和家庭，从而造成严重的成长危机和精神压力。这样的陪伴失去了它的意义，甚至产生了严重的危害。

三、陪伴的方式

1.高质量的陪伴

对于家长来说，你未必需要去做孩子学习上的家庭教师，也未必要给孩子多少物质上的丰足。你所需要的，就是拿出一点点时间，尽可能给孩子一些陪伴。

家长可以每天抽出一段完整的时间，专心陪孩子玩游戏、做运动，哪怕只是单纯聊聊天，这个过程中你是完全属于孩子的，心无杂念，不被其他事情占据精力。还可以与孩子一起看书、读绘本，享受这种单纯、专注的亲子时光，孩子就会吸收到很多的营养。接送孩子上学或放学的路上、一起出门时在车上的时光等，只要你有心，把这些零碎的时间都利用起来用心陪伴孩子，一样能给孩子带来幸福的感受。

2.良好的示范

除了陪孩子做游戏、亲子共读，还有一种特别的陪伴，同样是一种高质量的亲子相处模式。如家长边做自己的工作边陪孩子，孩子在阅读童话故事时你也在边上阅读自己的书籍，关键在于你在做这些事时的情绪和态度。

父母带着轻松愉快的心情做自己的事，孩子也会被这种氛围所影响，感到放松和喜悦。同时，父母专心做自己的事情，本身就是一种示范效应。看着你如何处理家务、工作，看着你如何对事对人，长大后，孩子不需要任何人教，就已经知道如何待人处世。

陪孩子更是陪自己。这种陪伴，无论对父母自身还是孩子，都是巨大的精神滋养和心灵疗愈。

四、陪伴，从一粒种子开始

1.在《春日生长》这门课程中，孩子需要去播种、浇水、施肥，除了悉心照顾自己的植物外，还要定时做好观察日记，绘制或者拍摄每个阶段植物生长的模样。这对低年级的孩子来说，是一项不小的挑战，难免需要我们家长的帮助。那么，在这个过程中，我们家长可以为孩子做些什么？怎样在这门课程中真正把陪伴落到实处呢？

2.家长填写表格并交流。

学生活动	家长活动
选种、播种等	
写观察日记	
绘制、拍摄图片	
成果汇总	

3.家长们提供了很多切实可行的想法，比如：和孩子一起查阅资料，了解植物种植时的注意事项；教会孩子使用相机，一起拍摄植物生长最美的姿态；和孩子一起制作春日生长的册子，共享成果丰收的喜悦……

五、总结

通过上这堂课，我相信家长们已经充分了解到陪伴孩子的重要性，以及如何在日常生活中陪伴孩子。希望家长们借助《春日生长》这门课程去拉近与孩子的距离。在亲子互动中，家长们更能感悟到陪伴的魅力，与孩子共同成长。

《春日生长》家长课程（二）

抓住教育的契机

【教学目标】

1.通过课堂学习，家长了解到家庭教育中抓住教育契机的重要性。

2.通过春日生长种植，家长学会抓住教育契机引导并教育孩子，使孩子真正得到成长。

【教学重难点】

引导家长在《春日生长》课程中学会抓住教育契机，并有效引导、教育孩子，使孩子真正得到成长。

【教学过程】

一、导入

1.家长们，你们读过这本书吗？（出示《来吧，孩子》简介）

著名作家池莉在《来吧，孩子》中介绍自己在教育孩子的时候，厨房、花园、马路……只要孩子头脑中产生了任何一个"十万个为什么"，这些地方马上就会变成课堂，可以随时随地开展生物课、地理课、历史课、哲学课、心理辅导课。她有意识地随时随地抓住契机，水到渠成地引导孩子，所以孩子虽然生活在单亲家庭中，却没有因为父母关系有问题，而成为问题孩子，这都源于她是一个很用心的智慧妈妈，懂得如何抓住契机教育孩子，润物细无声。这很值得众多为人父母者学习。

2.各位家长，成为生理上的父母，我们需要10个月，而成为合格的父母，做好家庭教育，我们则需要一辈子的时间去完善自己。今天，我想跟大家聊一聊如何做到抓住教育孩子的契机，做好家庭教育。

二、教育契机

1.什么是教育契机呢？

教育契机是指对孩子进行某种教育或解决孩子某个问题时的最佳时机。

比如学习中，孩子作业没有及时完成、考试成绩不理想，或是生活中，孩子浪费粮食、不会整理自己的房间……只要我们家长处处留心，这些都可以成为教育契机，成为纠正孩子学习生活不足的转折点。

2.怎样抓住教育契机呢？

①在日常生活中发现细节抓住教育契机。

家长在与孩子相处时，细节随处可见，关键是要善于观察，懂得思考。

②在突发性事件中抓住教育契机。

突发事件往往最能反映孩子的困惑、疑问与需要，是一种真实的自我表现。

③教育要及时。

家长与孩子朝夕相处，对孩子的情况可以说了如指掌，孩子身上稍有变化，即使一个眼神、一个微笑都能使父母心领神会，因此，父母可以通过孩子的一举一动、一言一行来及时掌握此时此刻孩子的心理状态，发现孩子身上存在的问题，及时教育，及时纠偏，不让问题过夜，使不良行为习惯消灭在萌芽状态之中。

三、"春日生长"过程中的教育问题

1.学习生活中的教育契机数不胜数，我们开展的《春日生长》课程中也会有很多教育契机。一旦孩子开始进行"春日生长"种植，那就不会是一帆风顺的，请家长们想想，在种植的过程中，孩子有可能会遇到哪些难题呢？（家长畅所欲言）

预设：植物没有存活成功；植物生长太慢，孩子太心急；孩子疏于对植物的照顾，或懒于记录；孩子完全把"春日生长"的作业当成家长的任务……

2.家长提出了很多值得思考的问题，这些都是家庭教育中的教育契机，亟待我们家长去解决，那如果这些问题真的产生了，我们家长又当如何去做呢？（家长讨论，填写表格）

教育契机	家长教育方向
植物没有存活	
植物生长慢，孩子操之过急	
疏于照顾，懒于记录	
任务推诿	
……	

3.发掘教育的闪光点。（家长交流，对表格进行补充）

（1）植物没有存活——安慰鼓励，引导孩子查阅植物资料，掌握种植方法，再接再厉。

（2）植物生长慢，孩子操之过急——教育孩子不要急于求成，如给孩子讲述《猴子种果树》的故事，让其明白个中道理，明白事物要遵循发展规律。

（3）疏于照顾，懒于记录——加强孩子的责任感教育和生命教育。

（4）任务推诿——教育孩子自己的事情自己做，如果遇到困难可以向爸爸妈妈求助，但不能完全把任务推给爸爸妈妈去做。

4.小结：家长善于发现问题，抓住教育契机，也很会把握教育的方向，相信每一位家长都可以在这门课程中感受到孩子一点一滴的进步。

四、总结

高尔基说过，爱孩子，那是母鸡都会做的事情。教育孩子，则需要智慧。其实，生活中时常有教育契机出现，面对生活中的每个细节，家长一定要善于利用，才能唤醒和鼓励孩子们茁壮成长。

《童年的发现》（语文 五年级）

一、教材简介

《童年的发现》一课位于部编版教材第八单元第23课，本文作者为俄国的费奥多罗夫，译者为谷羽，是一篇略读课文，教学课时为一课时。本课讲的是作者童年时探索发现胚胎发育规律的过程，且这个发现在几年后老师讲课时得到了证实，反映了儿童求知若渴的特点和惊人的想象力。

二、目标预设

1.正确、流利、有感情地朗读课文。

2.通过完成教学任务单、小组合作的形式探究文中"我"的发现以及发现的经过，培养合作学习的意识与能力。

3.能够用简洁的语言提炼"我"发现胚胎发育规律的过程。

4.能够理解作者在文中幽默的表达，并能说说有趣之处。

5.能够联系资料，说说学习课文的启发与体会，领悟作者童年时求知若渴、寻根究底和大胆想象的精神。

6.能够激发探究兴趣、培养想象能力。

三、重点难点

1.重点：通过完成教学任务单、小组合作的形式探究文中"我"的发现以及发现的经过，培养合作学习的意识与能力；能够理解作者在文中幽默的表达，并能说说有趣之处。

2.难点：能够联系资料，说说学习课文的启发与体会，领悟作者童年时求知若渴、寻根究底和大胆想象的精神；能够激发探究兴趣、培养想象能力。

四、设计理念

部编版教材五年级下册第八单元是一个以"幽默风趣"为主题的单元，所以在设计这一课的教案时，以三个问题（谁发现了？发现了什么？怎么发现的？）为切入点，着重引导学生体会感受作者别样的幽默，来说说课文到底有趣在哪儿？由于这一篇课文是一篇略读课文，所以教学设计重点突出，着重于学生的自主学习，培养学生合作学习的能力。

五、设计思路

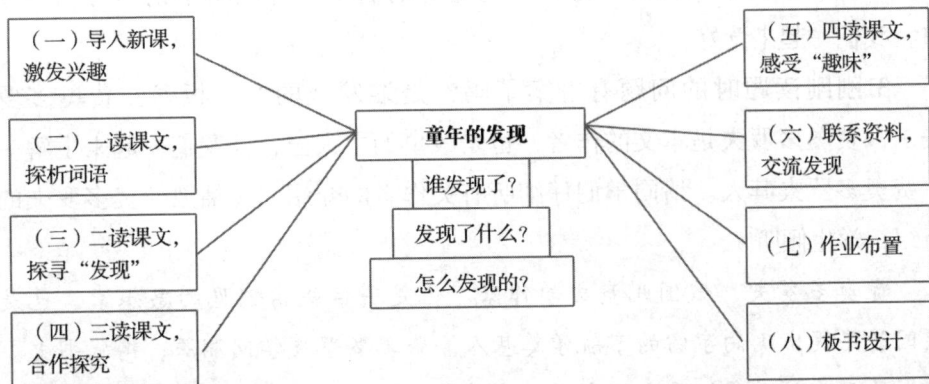

六、教学过程

（一）导入新课，激发兴趣

1.（播放歌曲片段《童年》）童年是人一生中最天真烂漫的时节，在玩乐的时候常常有一些有趣的发现。今天，让我们走进童年，去回忆童年的发现吧！（板书课题：童年的发现）

2.看到这个题目，你有什么疑问吗？（板书：谁发现了？发现了什么？怎么发现的？）大家都是爱动脑筋的好孩子，让我们带着这些疑问走进课文，去寻求答案吧！

（二）一读课文，探析词语

出示一读要求：自由读课文，读准字音，读通句子，有难度的地方反复多读几遍。（学生自由读课文）

[屏显第一组词语] 费奥多罗夫·伊万诺夫娜

1.指名读词。

2.这是课文中主人公和他的生物老师的名字，外国名字稍稍有一些拗口，我们一起来读好。

3.刚刚读题时的问题有答案了吗？是谁发现的？（板书：费奥多罗夫），费奥多罗夫是本文的作者，也是故事的主人公，让我们一起来了解一下费奥多罗夫其人。请同学们仔细听有关作者的介绍。（播放费奥多罗夫的介绍，学生倾听）

费奥多罗夫，俄国儿童文学作家。他是一位极富创见的思想家，也是俄国最早提出飞向宇宙的宇航学奠基人。费奥多罗夫学问渊深，博览书史。据说他几乎知道鲁缅采夫图书馆所有藏书的内容。他不仅精通欧洲各主要语言，而且对包括汉语在内的许多东方语言也颇有研究。他对哲学、自然科学、艺术都有很深的造诣，被人称为"百科全书"。他的博学在彼得堡和莫斯科的知识界口碑载道，甚至使他带上传奇色彩。

4.提问：你听到了什么？（费奥多罗夫是一位学识渊博、极富创见性的人）

5.第一组词语让我们认识了故事的主人公，了解了作者。让我们再来读好第一组词语。

[屏显第二组词语] 胚胎　祸患　天赋　痴迷　困窘

1.这一组词语中有几个字的读音比较容易混淆，请两位同学来读一读。

2.这一组词语中，有哪些读音需要注意呢？（"痴迷"的"痴"是翘舌音，"困窘"的"窘"的读音也需要注意）开火车读好这组词。

3.这一组词语中，有哪些字容易写错呢？（"胚胎"的"胚"最后一笔"横"不能漏，"祸患"的"祸"是"礻"字旁，"天赋"的"赋"不能多撇，"痴迷"的"痴"是病字头，"困窘"的"窘"是穴宝盖）

4.学生跟着老师书空，并在习字册上书写。教师巡视纠正。

5.通过这一组词语，我们读准了字音，写清了字形。让我们再来一起读读这组词。

（三）二读课文，探寻"发现"

1.过渡语：通过对于词语的探析，我们解决了第一个问题，是谁发现了？（手指板书，学生齐答）那么，费奥多罗夫究竟发现了什么呢？让我们带着疑问，静静地默读课文，在文中找找答案。

2.出示二读要求：默读课文，思考：费奥多罗夫到底发现了什么呢？请用横线在文中做上记号。找到后和你的同桌交流交流。

3.学生交流，指名回答。

4.出示文段：哈！这就跟画地图差不多。地上的距离很远很远，在地图上画出来只不过几厘米。人是由细胞构成的……从细胞变成小鱼，经过了很长时间。现在，这一段时间就折合成一个月。从小鱼变成青蛙又得经过很长时间，又折合成一个月。这样推算下来，到变化成人，正好是九个月。

5.这就是费奥多罗夫发现的胚胎发育的规律。（板书：胚胎发育的规律）我们一起来读一读这段话，边读边思考，你读懂这段话了吗？有什么疑问吗？

6.学生提出自己的疑问，老师在黑板上适时记录学生提出的有价值的问题。（预设学生会提一些有关于胚胎发展规律的问题）

7.同学们都是会思考的孩子，读书贵在有疑。但是老师有一句话，叫作"人多力量大"，在我们合作探寻第三个问题的过程中，相信这些疑问都会迎刃而解。

（四）三读课文，合作探究

1.出示三读要求：四人小组合作探讨问题：费奥多罗夫是怎样发现胚胎发育规律的呢？请同学们合作读课文，交流讨论后完成任务单。

2.学生完成任务单。

《童年的发现》任务单

四人小组合作探讨问题：费奥多罗夫是怎样发现胚胎发育规律的呢？请你用精简的语言概括发现的过程。不妨把你的想法写下来！

3.学生交流回答，教师适时板书（梦中飞行、请教老师、痴迷研究、发现规律）。

4.解决黑板上学生提出的有关于胚胎发育规律的疑问。

（五）四读课文，感受"趣味"

1.过渡语：通过同学们的通力合作，我们解决了这三个问题，（手指板书）读明白了课文讲的是作者童年时期发现胚胎发育规律的故事。其实，这还是一个十分有趣、幽默的故事呢！让我们再来读读这个故事，看看哪些地方让你忍俊不禁呢？

2.出示四读要求：快速浏览课文，用波浪线画出你觉得最有趣的地方，在书上用一两句话记录下自己的感受。

3.学生交流。

预设一：

我的发现起始于梦中飞行。每天夜里做梦我都飞，我对飞行是那样迷恋，只要双脚一点，轻轻跃起，就能离开地面飞向空中。后来，我甚至学会了滑翔，在街道上空，在白桦林梢头，在青青的草地和澄澈的湖面上盘旋。我的身体是那样轻盈，可以随心所欲，运转自如，凭着双臂舒展和双腿弹动，似乎想去哪里就能飞到哪里。

（"我"小时候在梦中飞行多么快乐，多么随心所欲呀！在梦中"我"想去哪儿就去哪儿，想象力真丰富！）

预设二：

"梦里飞行，说明你们是在长身体呀。"老师解释说。

"为什么只有晚上睡觉时才长？"

"白天你们太淘气，妨碍细胞的生长。到了晚上，细胞就不停地繁殖。"

"那么为什么人在生长的时候就要飞呢？这究竟是什么道理？"

"这是你们的细胞回想起了远古时代，那个时候，人还是飞鸟。"

"人怎么会是鸟？"我们万分惊讶。

"岂止是鸟！人是由简单生命进化来的。最开始是草履虫，后来是鱼，是青蛙，是猴子……所有这些知识，等你们升入高年级，上课时老师都会给你们讲解。"

（这一段对话实在是太有趣了！原来梦中的飞行是因为细胞的生长，而人类是由简单生命进化而来的！真是令人大开眼界！）

预设三：

乡村的孩子从小就知道母亲怀胎九个月才生下婴儿。"为什么是九个月呢？"我绞尽脑汁思考这个问题的答案。想啊想啊，嘿！终于想出了眉目："哈！这就跟画地图差不多。地上的距离很远很远，在地图上画出来只不过几厘米。人是由细胞构成的……从细胞变成小鱼，经过了很长时间。现在，这一段时间就折合成一个月。从小鱼变成青蛙又得经过很长时间，又折合成一个月。这样推算下来，到变化成人，正好是九个月。"我的发现竟是如此简单明了，我为此感到格外高兴。我想大概还没有人发现这个道理。

（"我"由地图想到了胚胎发育的规律，还可以将时间折合，真是天马行空，充满了奇思妙想，十分有趣）

预设四：

"费奥多罗夫！……你笑什么？再笑就从教室里出去！"

"奥尔加·伊万诺夫娜，我……我想起了自己的发现……"

教室里一阵笑声。奥尔加·伊万诺夫娜气得脸色苍白，大步朝我走来。

"费奥多罗夫！……你立刻从教室里出去……"

我的脸由于困窘和羞愧一下子涨得通红。这时候我意识到，老师误解了我的笑声，以为我的笑不怀好意。幸亏她没有容我解释，不然的话，同学们听见我说自己三年前就发现了进化论，还不笑塌房顶！不过，被轰出教室，站在外面，我倒想出了一条自我安慰的理由，我明白了——世界上重大的发明与发现，有时还面临着受到驱逐和迫害的风险。

（虽然被误解了，但是"我"依旧能自嘲，用幽默的方式告诉大家"我"明白的道理）

4.学生带着自己的感受诵读课文片段，读出"趣味"。

（六）联系资料，交流发现

1.【屏显：世界上重大的发明与发现，有时还面临着受到驱逐和迫害的风险】学生齐读，提问：你知道哪些重大的发明和发现，面临了受到驱逐和迫害的风险呢？（学生讲述哥白尼、伽利略、布鲁诺的经历故事，教师适当补充相关资料）

2.我们刚刚了解了不少名人故事，联系这篇课文中"我"的发现，你获得了什么启发或体会？

（鼓励同学多角度地理解、体会，如："发现童年的胡思乱想，异想天开也是一种发现、发明。""童年很美好，可以漫无边际地幻想。""我们也要培养大胆创新、坚持不懈的钻研精神。"……）

3.通过今天的学习，我们再次认识了费奥多罗夫，这个爱思考、爱观察、爱提问，能坚持的小朋友。他通过不断的追问，发现了胚胎发育的规律，即使遇到了不公的对待，也愿意坚持自己。这样的小朋友可真了不起，值得我们学习。最后，让我们再次拿起书本，齐读课文。

（七）作业布置

课后请大家交流一下自己在学习生活中的发现，看看谁的发现最有趣。试着用你幽默的文笔将你的发现写下来。

（八）板书设计

童年的发现

谁发现了？　　　　费奥多罗夫

发现了什么？　　　胚胎发育的规律

怎么发现的？
- 梦中飞行
- 请教老师
- 思考研究
- 发现规律

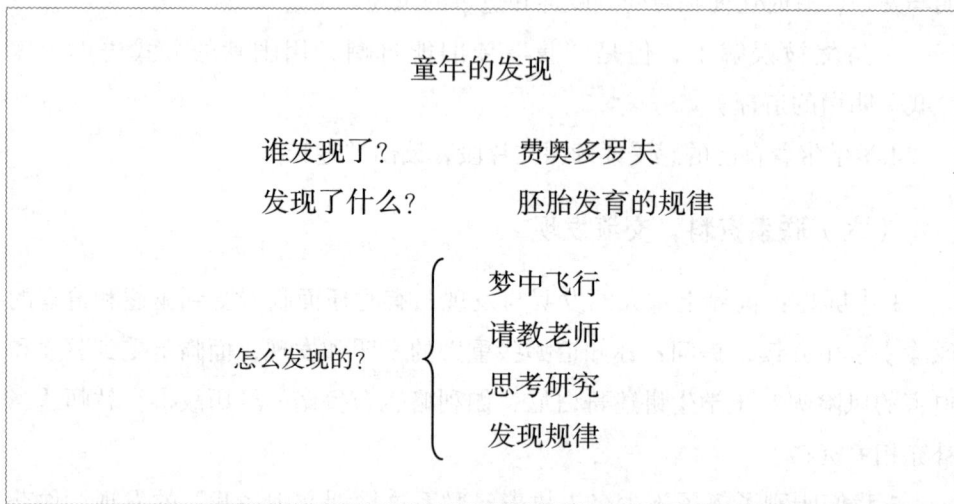

（教案设计者：钱怡心）

《圆的周长》

【教学任务分析】

1.《圆的周长》是"苏教版"小学数学五年级下册第六单元第92~93页的学习内容。其教学内容主要包括三个方面：①对圆的周长概念的理解与体验；②探索圆的周长与直径的关系，即探索圆周率的过程；③根据圆周率的意义计算圆的周长。

2.五年级的学生刚刚步入高年级数学的学习，在分析推理能力上有着很大的提升空间。而此次《圆的周长》一课，学生在推理圆的周长在直径的3倍到4倍的过程中，可能存在困难。在语言组织和训练上，也要下功夫，其中的逻辑分析要环环相扣。

3.立于"本"、探于"行"、重于"思"是本节课三个层次的探索，也遵循了"大家培小、本道课程"的核心理念。"让每一个孩子蓬勃发展"是本节课设计的宗旨，所以"以生为本、重在探索"的设计理念渗透在每个教学环节中。

【教学目标】

1.知识与技能目标

理解圆的周长概念，通过对圆周长的测量方法和圆周率的探索、圆的周长计算公式的推导等教学活动，培养学生解决简单的实际问题的能力。

2.过程与方法目标

通过动手操作、猜想验证等方法使学生亲历整个探寻知识的过程，从而掌握圆周长计算的由来和相关知识，培养学生实践能力、推理能力，感受思考的力量。

3.情感态度与价值观目标

了解人类探索圆周率的过程以及我国古代数学家的研究成就，体会古代数学家的首创精神和实践智慧，激发民族自豪感。

【教学重点与难点】

教学重点：让学生经历猜想、分析、操作、验证的数学探究，从而理解圆的周长计算公式的推导过程，并掌握圆的周长计算方法。

教学难点：①圆的周长与直径关系的探讨；

②理解圆周率的意义。

【教具与学具】

教具：正方形和圆形局部组合教具、圆纸片、直尺、课件

学具：材料框、不同直径圆形塑料薄片、直尺、计算器、线、剪刀、研究单

【教学流程】

根据数学学科落实三维目标的方法及符合学生的实际认知能力，我设计的教学流程如下。

（教案设计者：杨　洋）

根据数学学科落实三维目标的方法及符合学生的实际认知能力的教学流程设计

教学过程：教师活动	学生活动	设计意图
一、唤醒经验——引入圆周长的概念 **（一）确定路线相比，引出"周长"** 1.（出示下图）谈话：杨老师家附近有一个广场，地面上有一个图案。你看到了哪几个图形？ 2.设问：我们有三位同学，一个同学绕着正方形走一圈，第二位同学绕着圆形走一圈，第三位同学绕着正六边形走一圈，你觉得，谁走的路程最长？ 3.两两比较： ①先比正方形和圆形，取局部（如下图）： 	生：外面有个正方形，中间是个圆，里面是个正六边形 生：正方形，因为正方形在最外面	以两组对比路线为素材引入新课，根据已学经验可以判断出第一组路线长短，而对第二组路线长短产生疑问。一方面唤醒已有的思维经验，引出圆的周长含义，另一方面促进迁移的发生，引发思考，为学习圆的周长测量和计算埋下伏笔

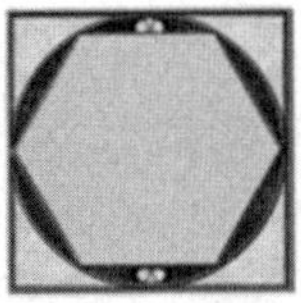

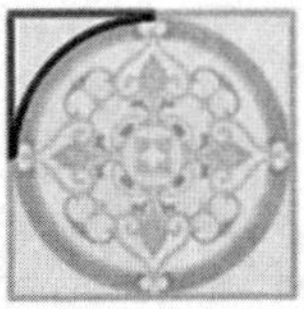

续表

教学过程：教师活动	学生活动	设计意图
得出：两条线段相加，要比这一条曲线要（长）。利用教具再次感受：这条曲线肯定拉不到正方形的顶点处，由此确认：正方形的周长比圆形周长长 ②再比圆形和正六边形，取局部（如下图）：  得出：两点之间，线段（最短），曲线肯定要比线段（长）。由此确认：圆形的周长比正六边形周长长 总结：三条路线，最长的是（正方形），第二是（圆形），第三是（正六边形） 引出：围成圆一周的曲线长度就是圆的周长 【板书：围成圆的曲线长度圆的周长（课题）】 **（二）不确定路线相比，引发"疑问"** 1.（出示下图）谈话：广场上还有一幅图案，老师围着大圆走了	学生感受 学生用类似方法比较局部	

160

教学过程：教师活动	学生活动	设计意图
一圈，有一个同学很调皮，他绕着两个小圆走了一圈。同学们猜一猜，老师走的路程多，还是那位同学走的路程多？ 2.提问：那如果要确认谁更长，你有什么办法？ 3.追问：要量圆的周长，你们有没有什么困难？ 4.提出困难：因为尺子都是直的，圆的周长是弯的。（从而引出测量方法） **二、充分体验——感知圆周长的内涵** **（一）化曲为直，探讨测量方法** 1.提问：那我们能不能想办法来解决这个问题呢 2.小组讨论测量方法 3.分享： 	学生猜测，已学经验不能确认路线长短，引发"疑问" 生：测量 生提出困难 学生讨论并分享测量圆周长的方法	

续表

教学过程：教师活动	学生活动	设计意图
①绕线法：学生介绍，教师播放相应视频，提及操作要点（弯的　直的） ②滚动法：学生分享，注意滚动要点。（紧贴直尺，在圆上做出标记） 拉直之后圆的周长是从哪里到哪里的长度？请你上来指一指。（弯的　直的） ③折叠法：学生将圆对折多次，曲线越来越趋近于直的线段，用线段长度×份数≈圆的周长 点评：这位同学是把弯的看成了（直的），当分的份数越来越多的时候，这条线段会越来越接近于直的 4.追问：三种方法相比，共同点是什么 总结：把弯的曲线变成直的线段，数学上这种思想方法叫作化曲为直 5.实际操作，测量周长 每组从材料框中选择一个圆形薄片，用所学方法测量周长，并把数据填在研究单上。 （二）设置冲突，引出计算"想法" 1.提出疑问：像刚才杨老师散	学生上台指一指 学生汇报 生：都是把弯的看成直的 小组合作，学生测量	在对圆的周长初步感知和体验的基础上，本环节主要分为两个层面：一是探讨圆周长测量的几种方法，让学生感受"化曲为直"的数学思想，并让学生实际操作，深度体验测量方法；二是设置冲突，当圆周长不能直接测量时，想到计算方法，引发认知冲突，引导学生去寻求计算圆周长的一般计算方法。

续表

教学过程：教师活动	学生活动	设计意图
步广场瓷砖上的那么大的圆，再利用刚才的这些方法去测量它的周长还合适吗？（不合适，说出原因） 2.继续设问：我们就看广场上这张图，正方形的周长还用得着量吗？ 3.追问：那我们要求圆的周长也可以（计算），要计算的话，我们就要研究圆的周长可能会和什么有关呢？ 4.演示三种直径不同的车轮滚动一周的动态画面 得出结论：我们通过观察发现，圆的周长是与它的直径有关（板书）。 **三、分析推理——锁定圆周率的范围** ▲提出猜想： （回到广场图案）	学生说出不合适的理由 生：用不着，可以用边长乘4，直接算出来。 生：圆的直径越大，周长越长。	

续表

教学过程：教师活动	学生活动	设计意图
正方形的周长是边长的4倍，那同学们猜一猜（板书：提出猜想），圆的周长与直径会不会也有这样的倍数关系？（板书：倍数关系？）观察一下，你感觉有可能是几倍？ ▲分析推理： （一）圆的周长有没有可能是直径的4倍？它比4倍怎么样？ 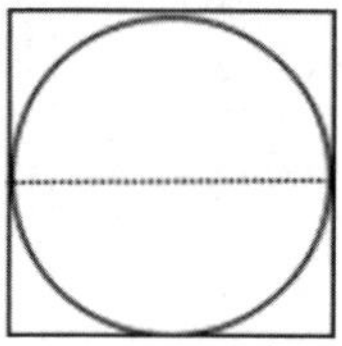 1.提问：同学们最大猜到了4倍，有没有可能是直径的4倍呢？我们来看，在这张图中，谁是直径的4倍？ 2.追问：正方形的周长是直径的4倍，那圆的周长有可能是直径的4倍吗？为什么？ 3.总结：正方形的周长是直径的4倍，圆的周长比正方形的周长要小，所以圆的周长不可能是直径的4倍，而是小于直径的4倍 4.讨论交流：把三句道理说给同桌听	▲学生猜测：（2、3、4倍等） 生：正方形的周长 生：不可能，因为圆的周长要比正方形周长要小	当学生通过观察发现圆的周长与直径有关，进一步通过猜测（事实上，少部分学生已对圆周率有一定的认识）圆的周长与直径存在倍数关系，自然地、适切地引导学生利用开始的素材图案进行思考、分析、推理，将圆的周长与直径的倍数关系锁定在3倍到4倍。这个推理活动具有理性精神，为后面用这个确定的范围验证实验测量的结果是否合理提供了科学依据

教学过程：教师活动	学生活动	设计意图
（二）圆的周长有没有可能是直径的3倍？它比3倍怎么样？ 1.提问：正六边形的周长是直径的几倍？（3倍）理由是？ 2.追问：正六边形的周长是直径的3倍，那圆的周长可能是直径的3倍吗？根据刚刚分析不可能是4倍，小于4倍的经验，你能不能也用3句话来说说道理？（4人为一小组说说看） 3.学生总结：正六边形的周长是直径的3倍，圆周长比正六边形的周长要大，所以圆的周长不可能是直径的3倍，而是大于直径的3倍 ▲确定范围：我们通过分析推理知道了圆的周长在直径的3倍到4倍 **四、实验测量——聚焦圆周率的大小** 1.追问：那要知道圆的周长是直径的3倍多多少，周长已经知道了，还缺什么数据？	学生小组内说一说 生阐述理由 小组内交流想法，组织语言并汇报	当确定圆的周长是直径的3倍多一些以后，学生很自然地想要寻求具体的、准确的倍数，他们所能想到的最适合的方法就是测量实验法，这也是人类探究圆周率最原始的方法。实验活动之后，引导学生对测量得出的数据进行比较与分析，得出在测量时会存在一定误差，但任意一个圆周长除以它直径的商都是一个固定的数。通过分析数据促进学生对实验测量过程的反思，体会这种方法在精确性方面的局限

续表

教学过程：教师活动	学生活动	设计意图
2.实验操作：填好研究单上的两个目标（①直径周长；②除以直径的商），进行操作、计算，除不尽的保留2位小数 **研究单** 3.交流：这是几个小组操作实践得到的数据，请你观察周长与直径的商，你有什么发现？ 4.总结：测量精确度与测量的人、工具、方法等多种因素都有关系，可能存在误差。实际上，我们刚刚通过实验测量发现：任何一个圆的周长除以它直径的商都是一个固定的数（板书：固定的数） **五、得出结论——确认圆周率的数值** 1.提出：这个固定的数叫圆周率（板书），用希腊字母 π 表示（板书+读+书空） π=3.1415926…… 2.历史追寻：其实 π 早在很多年前就被数学家们研究出来了，我们一起来追寻下它的历史吧！	生：直径，然后算出周长除以直径的商 预设一：周长除以直径的商多数都在3.1上下，说明这个商是一个固定的数 预设二：大家得出的商都各不相同，说明用实验测量计算的方法总会存在一定的误差	

研究单表格：

圆形编号	周长（cm）	（ ）	（ ）
①			

166

教学过程：教师活动	学生活动	设计意图
  3.介绍数学家： 祖冲之与昆山之缘；刘徽的"割圆术"与小小数学家的"折叠法"异曲同工。 **六、应用拓展——建立圆周长的算法** 1.回顾：圆周率π是怎么得到的呢？（周长除以直径的商是圆周率）那么你知道周长就等于什么吗？ 2.小结：如果用字母C来表示周长，d来表示直径，C就等于？（πd） 板书：C=πd 3.练习：当广场图案的直径为4米时，周长怎么算？ 4.延伸：广场上还有个更大的圆，以小圆的直径作为半径，你会算出它的周长吗？引出：C=2πr 5.小结：①已知直径求圆的周长：C=πd；②已知半径求圆的周长：C=2πr。	学生听录音	当学生通过实验测量感觉到圆的周长除以直径的商可能是一个固定的数后，适时切入数学史的相关知识，将人类历史中关于圆周率的研究方法与成果进行介绍，一步步逼近圆周率的精确值。这一段的介绍承接前面的推理与实验，让学生在头脑中完整地、真实地建构对圆周率的认识。

续表

教学过程：教师活动	学生活动	设计意图
一般情况下，为了计算方便，我们会在计算过程中保留π，当和实际问题相结合，需要算出具体数据时，我们取它的近似值3.14进行计算。（板书 π≈3.14） 6.首尾呼应，解决难题： 广场上的这幅图案，现在你能判断杨老师和那位同学谁走得长了吗？你是怎么想的？ 7.拓展题： 苏州园林闻名天下，苏式建筑也是颇有特色，在苏州园林里有这样一个百年古柱，你可以测出它的直径吗？（不好测） 小结：当不能直接测出直径时，可以测周长，然后根据周长公式倒推出直径长度。为了更加精确地测量，可以多绕几圈减少误差。（出示题目）	预设：周长就等于圆周率乘直径 生：4×π=4π米 生：4×2=8米 8×π=8π米	

168

教学过程：教师活动	学生活动	设计意图
七、回顾总结——反思研究的过程 预设：一样长。1个小圆的周长是4π，两个小圆就是8π，所以两个小圆的周长就等于一个大圆的周长 预设：拿绳子绕一圈，先测出柱子一圈的周长，然后除以3.14，就得到直径了		运用圆周率计算圆的周长有两种基本模型，即根据直径和半径分别进行计算。在这里，把课始创设的情境进行了串联，首尾呼应，还引导学生认识当不能直接测出直径时，可以测周长，然后根据周长公式倒推出直径长度。测周长时，在柱子外围多绕几圈绳子，用累积法减少误差。这些拓展运用，进一步深化了学生对周长计算方法的理解
	1.回顾：今天有什么收获？（学生收获+教师总结数学研究方法） 2.延伸：最后我们在一首没有结尾的音乐中结束这一课的学习（播放圆周率之歌）	最后的反思回顾环节，由学生主动总结收获和困惑，在此基础上，教师着重于数学研究方法的渗透，观察发现—提出猜想—分析推理—实验探究—得出结论，明确在数学研究中推理的科学性，渗透理性思想

续表

教学过程：教师活动	学生活动	设计意图
八、板书设计 <div align="center">圆的周长 围成圆的曲线的长度</div> 观察比较——圆的周长与直径有关 ↓ 提出猜想——倍数关系？ ↓ 分析推理——圆的周长在直径的 3 到 4 倍之间 ↓ 实验探究——周长 ÷ 直径 = 圆周率（固定的数） ↓ 得出结论—— $\pi = 3.141592653\cdots \approx 3.14$ <div align="center">$C = \pi d \quad C = 2\pi r$</div>		

《地球表面的地形》

一、教学任务分析

1.《地球表面的地形》一课是教科版小学科学五年级上册第三单元《地球表面及其变化》的起始课。本课是本单元学习的基础，它将引发学生讨论和交流有关地球表面地形地貌及其变化的话题，激发学生对本单元内容的学习兴趣，为以后学习地球内部运动和外力作用引起的地表变化奠定基础。

2.本课的主要教学内容是让学生知道5种主要地形的特点及学会观看地形图，并根据不同的方法分析判断某个地方属于什么地形。在本课教学中，教师要了解学生对本单元学习内容的掌握情况，关注存在的困难，以便更好地进行后面的教学。

3.学生学习本课可能遇到的问题：对地形的类型辨别存在困难，地形有很多种，但学生对前概念地形是模糊不清的，学生对于探究地形的方式是有欠缺的。

4.本道课程以"学生为本，本位立法"为理念，本节课的第一环节，可以让学生先说说自己在旅行中、生活中看到的地形，以描述地形为抓手，了解学生前概念知识，让学生作为学习的主体，学生运用未来教室内的多媒体方式自主地去查找相关地形的知识。第二环节让学生在探究中掌握利用地形的立体模型这项学习技能，授之以鱼不如授之以渔。

二、教学目标

【科学概念】

1.地形包括高原、丘陵、盆地、山地、平原等。

2.地球表面有山地、高原等多种多样的地形地貌，地球表面是高低起伏、崎岖不平的。

【过程与方法】

1.观察描述常见地形的特点。

2.会看简单的地形图，能在地形图上指认如高原、平原、沙漠、海洋等地形。

【情感、态度、价值观】

培养对地球表面地形研究的兴趣，能自觉关注和收集相关的信息。

三、教学重点和难点

【教学重点】

知道典型地形地貌的特点。

【教学难点】

从立体地形图中发现整个地球地表地形地貌的分布和特点，知道并描述各种地形地貌的特点。

四、教学准备

【教师准备】

未来教室IPAD教具、中国立体地形图、立体地球仪、多色卡片、记号笔。

【学生准备】

自己旅行的地形照片，自己查找好的地形资料。

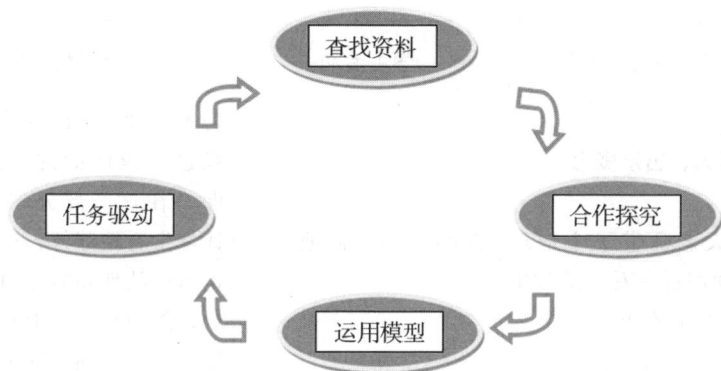

五、教学图谱

在课堂教学中，教师将"任务驱动""合作探究"等方法贯穿教学始终，启发、诱导学生，充分调动学生的学习积极性，注意调节课堂教学气氛，使学生能充分利用已有的资源，变被动学习为主动愉快地学习。

学生用"接受任务—探究学习—运用解决"的方法。教学强调以学生为中心，要求学生在老师的指引和同学之间的讨论下完成任务，使学生在过程中实现知识的传递、迁移和融合，发展能力，训练思维。

六、教学过程

根据科学学科落实三维目标的方法和学生的实际认知能力，我设计的教学流程如下。

根据科学学科落实三维目标的方法及符合学生的实际认知能力的教学流程设计

教学过程：教师活动	学生活动	设计意图
一、谈话导入，出示概念 1.师：今天老师带了个地球仪，请同学们看一看，地球主要由哪两个部分构成？ 【板书：海洋　陆地】 师：并且我们可以看到是海洋多，陆地少 2.师：接下来请同学上来摸一摸，感受下地球表面是怎么样的 师：这个地球仪和一般的地球仪有什么不一样 师：没错，我们把地球表面这样高低起伏的自然形态叫作地形。【PPT：出示地形概念】 师：今天就让我们一起来认识地球表面的地形。【板书：地球表面的地形】 **二、查阅资料，深化认知** 师：在课前，老师布置给大家一个小任务，带一些你的旅行照片。带了吗？你去过什么地方旅行过？那里的陆地地形是什么样子的？你认为它是什么地形？谁来介绍？（预设）	学生：海洋、陆地 学生：（预设）是凹凸不平的	为了明确本节课的学习内容，我选择以谈话的形式导入新课，在这一部分中，我首先让学生看地球仪，让学生明确地球由陆地和海洋两个部分组成；然后让学生上来摸摸立体地球仪，提问：这个地球仪与一般的地球仪有什么不同？学生回答：凹凸不平，从而引出地形的概念：地球表面这样高低起伏的自然形态叫作地形。此处要重点强调是自然形态，因为有时候学生会把一些人造的建筑混淆进去。然后揭示课题，今天就让我们一起走进《地球表面的地形》。这样设计的目的是，既可以明确学习任务，又通过学生的亲身体验，让学生明确什么是地形

教学过程：教师活动	学生活动	设计意图
1.师：【板书：盆地，盆状】 2.师：【板书：高原：海拔高、面积大】 3.师：【板书：平原：平坦、广阔】 4.师：【板书：山地：连绵不绝、高耸入云】 5.师：【板书：丘陵：山顶浑圆、起伏小】 6.师：这几种地形的特点到底是怎么样的呢？老师为大家准备了笔记本电脑，同学们可以用它上网搜索，也可以利用老师发给大家的资料库来查找陆地地形的相关资料。把收集的信息，填写在桌面上的《陆地地形信息记录表》中，我们通过互联网和资料库来详细探究这些地形 要求：找出该地形的特点，你还了解了关于它的哪些信息？ 【PPT出示】 7.师：好了以后将你的记录表发送给老师，哪个小组来说说你发现的这些地形的主要特点是什么？【PPT出示】 生说，教师板书补充特点	学生回答预设： **（1）生1：九寨沟（盆地）** 我去年暑假去的九寨沟。九寨沟在四川省，那里风景如画，蓝天下的山郁郁葱葱，绿得十分透彻，山间的水清清泠泠，美得很惊艳。听我妈妈说，四川是个盆地，周围有高山，像个大盆子 **（2）生2：青海（高原）** 我前年暑假去了青海，那里有一望无际的草原，有蒙古包，有马儿。感觉天离地面很近，那里与我们这儿最大的不同是空气稀薄、比我们这里冷。天很近，说明海拔很高。一望无际的草原说明面积很大 **（3）生3：昆山（平原）** 这是上周，我爸爸妈妈带我去阳澄湖水上乐园的照片，那里的郁金香	通过介绍旅行照片来说说地形，这样设计是为了了解学生的前概念知识水平，学生一般只能说出几种，待学生汇报完结果后，给学生布置任务：还有哪些地形？它们的特点是什么？归纳下这些地形的特点。学生通过查阅资料库的方法找到陆地五大基本地形：平原、高山、丘陵、山地、盆地和它们的特点，再让他们说说还了解这些地形的哪些信息，拓宽学生的视野，在学生边回答的时候边出示几组典型地形的图片，进行最后的特点归纳。学生分组展开讨论，讨论完后，各小组汇报结果。最后评价完学生的汇报后，出示总结典型地貌地形特点的课件。这样设计的目的：一是让学生掌握查阅资料这种学习方法；二是让学生加深对地形特征的认知，并且对前概念知识进行再塑造，纠正不正确的地方，也使得学生的关于地形的知识系统逐渐完善

教学过程：教师活动	学生活动	设计意图
三、观察地图，开阔视野 1.师：我们已经了解了陆地上五大基本地形的特点，我们也知道祖国幅员辽阔，想一起找一找我们祖国有哪些地形吗？ 2.师：接下来我们就要请出我们的模型——中国立体地形图。请你们用眼观察，用手触摸，找到你们想要找寻的地形种类，把地形的详细名称，比如，高原是青藏高原，就把青藏高原写在信封内的卡纸上 3.师：哪组来找高原、盆地、平原、山地、丘陵？ 4.师：请把找到的青藏高原的位置对照你的地形图的位置贴到上面的轮廓图里来 5.师：你们发现这些地形卡片的颜色一样吗？生：不一样 6.师：你知道这些颜色代表什么意思吗？生：海拔高度 7.师：不同的高度用不同的颜色来表示，我们来看高度表。（简单介绍） 8.师：现在你从整体上看，我国的地势是怎么样的？生：西高东低	开得很美，还有一大片的草坪。空气很好，还有度假别墅。（师：房子是自然形态吗？）地很平，很广。（师：这里的地形平坦宽广，你知道是属于哪种陆地地形吗？）平原 **（4）生4：黄山（山地）** 我小时候去黄山的照片，这是在光明顶。光明顶是黄山的主峰之一，可以将黄山的景色尽收眼底，那里有连绵不绝的山，这些山都高耸入云 **（5）生5：（梯田）** 这是我2015年8月去的广西壮族自治区，这张照片拍摄的是桂林的龙井梯田，它是"七星伴月"的一部分。这张照片是从上往下拍摄的，我觉得它好像小矮山组成的。（师：张嘉铭同学拍摄的梯田，他觉得是小矮山，我们对比一下他和萧韫灿同学拍摄	在学生对陆地五大地形有了一定了解以后，在接下来的这个环节中，我让学生学以致用，出示了模型——中国立体地形图，让学生通过看、摸等科学观察法找找我国有哪些地形形式。通过分组派发任务，五个地形让他们找出对应的地形名称和相应位置，然后写在对应颜色的卡片上，再贴到上面的中国轮廓图中。这样的设计是为了让学生通过立体的地形图再次感受该地形的特点是什么，而且引出了学会看地图的图例，明白图例上颜色的不同是代表高度的不同做好铺垫工作。最后让学生总结出我国的地势是西高东低，并且再次让学生通过触摸立体地形图，感受我国的地势

教学过程：教师活动	学生活动	设计意图
9.师：西部大多数是？生：高原、山地、盆地。东部大多数是？ 学生：平原、丘陵 10.师：同学们像小科学家一样通过自己分析探究发现我国地势是西高东低的 **四、掌握方法，课后探究** 1.师：接下来，我要考考你们了哦，今天我们认识了陆地上的五大基本地形是？ 2.师：今天我们用了哪些方法来探究陆地上的基本地形？ 3.师：同学们可以用今天认识陆地地形的学习方法在课后详细探究下海洋的地形！	的黄山的山有没有什么不同？） 学生：想 交流 学生：查找资料运用模型	最后这个环节，我分为三个层次，首先让学生自己归纳小结本节课的陆地的五大地形名称，了解学生掌握情况；再次让学生回忆本节课我们使用的学习方法，查阅资料和运用模型；最后让学生在掌握了本节课的学习方法的基础上运用查阅资料、利用模型在课后继续探究海洋的地形。这样的设计与开始地球由陆地和海洋两个部分组成相互呼应，也能让学生认识到掌握学习方法的重要性，知道用相同的方法可以探究和解决不同的问题。对地形的表面知识充满新的期待与学习的兴趣，不仅让学生明确作业的内容，还要求学生利用现代信息技术把找到的资料进行整理加工，使整合的学习不仅在课上，更延伸到课下，培养学生收集信息的能力，充分地体现新课程提倡的——探究是科学学习的中心这一理念

续表

教学过程：教师活动	学生活动	设计意图

五、板书设计

1.地球表面的地形

陆地 {
高原：海拔高、面积大
山地：连绵不绝、高耸入云
盆地：中间低、四周高
丘陵：山顶平原、平缓
平原：平坦、广阔
}

西高东低

2.海洋

陆地地形信息记录表

第（　）小组

地形	照片	特点	相关信息

七、教学反思

本节课，通过几个小任务，学生利用现有资源进行合作交流学习，知道了5种主要地形的特点及利用地形图判断某个地方属于什么地形的方法，完成了本课的学习任务，培养了学生在以后的学习过程中利用资料和模型解决实际问题的能力。在设计这节课的时候，我注重体现了以下理念。

1.注重让全体学生都参与到课堂活动中来，给学生充分的时间和空间展示他们充满个性的学习成果。

2.让整合在课外加以延伸，培养学生收集信息的能力，为学生以后的学习奠定更加坚实的基础。

（昆山市培本实验小学　陆　婷）

劳动创新活动设计与实施：
以本道"ETSPS"课程为案例

以色列滴灌技术的探究活动

一、活动背景

本道课程是以儿童为基础的课程，是培养学生核心素养的最主要的途径之一。为了充分落实本道课程，我校开发了基于高科技生态厕所科普空间（ETSPS）的相关课程。ETSPS中蕴含着许多本道课程资源，如"使用"——文明如厕伴我行、"探秘"——ETSPS之旅、"体验"——观察与种植等。其中，以色列滴灌技术是"观察与种植"中的重要课程之一。本活动意在以滴灌技术的探究活动为载体，培养学生互助、合作的探究意识。

二、活动目标

1.引导学生学习植物生长背后——滴灌技术的应用；
2.培养学生科学探究的兴趣和能力；
3.培养学生小组合作学习的意识；
4.找准互助契机，增强合作效果；
5.培养学生统计、归纳、整合信息的能力。

三、活动准备

学生分组：选24名学生，分为6组，每组4名学生；分配角色：在每个小组中选出组长、发言人、监督员、记录员；教师收集以色列滴灌技术相关的图书、报刊、视频等资料。

四、活动过程

活动一：灌溉技术你知道多少？

活动目标	1.通过落实一定任务，让学生学会有针对性地收集资料 2.通过合理组建小组、细化任务、明确组员角色，培养学生合作学习的良好习惯 3.通过询问家长、阅读图书、上网学习等途径，让学生了解灌溉技术的多样化
活动流程	活动说明
☆**收集资料**：每个小组成员通过一定的途径收集灌溉技术的相关资料 ☆**资料汇总**：小组资料收集完成后，交给组长，由组长汇总整合 ☆**结果汇报**：发言人阅读并检查汇总好的资料，准备汇报 监督员整个过程全部参与，监督并督促小组成员的工作	☆学生可以通过询问家长、阅读图书、上网学习等途径收集资料，并及时记录 ☆小组长将小组成员收集的资料清晰详细地整合在一起，并归纳出每种灌溉技术的优缺点 ☆发言人在汇报之前要仔细检查资料，并且要阅读熟练 ☆监督员除了及时监督其他成员的工作外，还要协助其他成员顺利完成各项任务

活动二：比一比：不同灌溉技术的优缺点

活动目标	1.通过交流，知道不同的灌溉技术的优缺点 2.学生针对灌溉技术的特点进行讨论和交流
活动材料	相关的图书、报刊、视频等；记录单

活动流程	活动说明
☆**汇报、交流与讨论**：每组的发言人分别汇报各组的结果，并交流每种灌溉技术的优缺点 不同灌溉技术的对比，并完成以下表格 表格见下	☆教师应给每组学生都提供展示交流的机会，鼓励学生充分表达，交流每种灌溉技术的特点 ☆教师可事先收集以色列滴灌技术相关的图书、报刊、视频等资料，结合学生的交流内容呈现出来，供学生观察比较 教师可采用小组竞赛的形式，引导学生进行有目的的探究，如"比一比，哪一组收集的灌溉技术种类多？""哪一组收集的资料最全面？"等

类型	优势	不足	用水量	土壤浸润情况
传统浇水				
喷灌				
滴灌				
……				

活动三：探秘以色列滴灌技术

活动目标	1.通过分享和交流，知道ETSPS中应用了神奇的滴灌技术 2.根据滴灌技术的特点，大胆地讨论、预测滴灌技术在生活中的应用

活动流程	活动说明
☆教师带领学生到生态厕所科普空间实地参观滴灌设备 ☆小组成员合作绘制滴灌技术的手抄报 ☆通过汇报、交流，以及小组间和小组内的讨论，总结出滴灌技术的特点 小组成员合作，利用滴灌技术制作简易浇水器，并完成以下表格 **简易浇水器** 表格见下	☆在到生态厕所科普空间参观滴灌设备时，教师提醒学生不要踩踏植物，并及时记录观察结果 ☆提醒学生绘制手抄报时要结合小组成员的意见，合作完成 ☆学生根据滴灌技术制作简易浇水器的草图，教师需要认真评阅，评选出"最佳设计奖""最佳合作小组"

简易浇水器

需要的材料	
设计草图	
制作步骤	
作品特点	

五、活动评价

为了深入挖掘该活动的价值与意义，培养学生合作学习的能力，教师应及时进行活动评价。在评价中，教师须坚持以下原则。

1.立足过程，即注重学生在活动过程中的表现。教师可以采用写评语的方式记录学生在实践活动中的情绪、参与程度、互助情况等表现。

2.尊重多元，即尊重评价主体、评价内容、评价方式的多元化。教师对活动做出评价的同时，通过讨论、协商、交流等方式引导学生进行自我评价、相互评价。

3.注重反思。教师应关注学生在实践活动中的反思：是否记录活动过程；是否通过小组互助完成各项任务；等等。

（活动设计者：刘　畅）

探秘ETSPS科普空间

一、活动背景

ETSPS即生态厕所科普空间Ecological Toilet Science Popularization Space的简称。ETSPS设计理念前瞻，集如厕、科普、种植于一体，打破了人们对厕所的传统意义上的概念。同时，空间里充满关怀的盥洗设施、形象生动的生态屋循环科普知识系统图、寓教于乐的互动科普设备，均可以激发儿童的强烈好奇心。本活动旨在通过科普的活动形式增进学生对古代厕所和现代高科技厕所的认识和了解，从而提高他们的科技素养。

二、活动目标

1.了解厕所的由来与发展；
2.通过小组合作、资料收集的过程来提高科学探究能力；
3.明确高科技生态厕所的各个重要组成部分及功能。

三、活动准备

学生准备：选12名学生，分4组，每组3名学生，并在每个小组中选出组长、发言人、记录员。使
教师准备：收集古代厕所、现代厕所、高科技生态厕所各个组成部分的

相关图书、报刊、视频等资料。

四、活动过程

活动一：了解厕所的由来

活动目标	1.以小记者身份对社区老人记忆中古老厕所的认识进行访谈 2.通过网络、书籍等多种渠道收集古代厕所资料，增进对厕所由来的认识
活动流程	活动说明
☆**收集资料**：每个小组成员独立收集资料，进行社区访谈 ☆**资料汇总**：资料收集好以后，成员汇总，将相同信息进行整合，并进行优质信息筛选 ☆**结果汇报**：每个小组的发言人进行汇报 其他小组相互评价，并完善自我小组成果	☆学生利用课下业余时间对社区老人进行访谈，可采取录音和记录等调查方式 ☆小组长将资料进行整理，将类似信息进行整合和筛选 ☆发言人熟悉发言稿 小组内除信息评价以外，还可进行小组间的互评

活动二：探秘高科技生态厕所

活动目标	1.通过交流，知道ETSPS中各个重要组成部分的先进技术 2.熟悉每个组成部分的主要功能
活动流程	活动说明
☆教师带领学生到生态厕所科普空间进行实地参观 ☆通过教师讲解，真正地了解这所高科技生态厕所的科技含量、创新点、整个设计构造、运行、美学价值 在了解整个生态厕所空间的基础上，小组合作撰稿，选取代表作为ETSPS的代言人	☆在生态厕所科普空间参观过程中，教师提醒学生及时观察，并记录 ☆在参观的过程中了解功能并体验 ☆学生在分配好每个具体任务的基础上，开展合作学习

活动三：发现不同时期厕所的不同特点

活动目标	1.小组交流，知道不同时期厕所的优缺点 2.在探究活动中培养学生的科技素养
活动器材	记录单

活动流程	活动说明
☆汇报、交流与讨论：每组发言人分别汇报各组结果，并交流不同厕所的优缺点 ☆不同厕所的对比，并完成以下表格 | 类型	优势	不足 | |---|---|---| | 古代厕所 | | | | 传统厕所 | | | | 生态厕所 | | | | …… | | | ☆撰写有关生态厕所小论文	☆每个小组成员先自我总结，再小组合作探究 ☆师生交流比较，发现各种不同种类厕所的优缺点 ☆采用小组竞赛的形式，引导学生有目的的考察，如"哪个小组对生态厕所认识更全面""哪个小组合作更默契"，等等

活动评价

评价项目	完成程度
对古代厕所由来的认识程度	☆ ☆ ☆ ☆ ☆
准确地掌握生态厕所的各个组成部分及功能	☆ ☆ ☆ ☆ ☆
学会欣赏生态厕所在设计上的美学价值	☆ ☆ ☆ ☆ ☆
出稿生态厕所论文撰写的完整情况	☆ ☆ ☆ ☆ ☆

校本课程设计与实施案例：
走近顾炎武

【教学目标】

1.知识目标：通过小组交流合作的形式，对昆山三贤的代表人物——顾炎武有一个基础的认识与了解。

2.能力目标：通过对顾炎武的了解和学习，增益学生的生活智慧，引导学生以顾炎武为楷模，仰先贤学先贤，做一个爱祖国、爱人民、爱学习、爱思考，有道德、有远见、有智慧、有作为的人。

3.情感目标：通过对顾炎武生平的了解以及经典语录的赏析，引导学生体会他"天下兴亡，匹夫有责"的家国情怀、"行己有耻"的人格魅力和"博学于文"的治学思想。

【教学准备】

多媒体课件

【教学过程】

一、激情导入，走进千灯

尚书浦蜿蜒环绕，少卿山茜草萋萋。秦峰塔在树木屋宇的簇拥下凌空屹立，一条三里长的石板街，自北朝南，在青砖灰瓦间缓缓穿过。延福寺内，千年银杏，古木参天，郁郁葱葱。

这里是水乡古镇——千灯。这里物华天宝，人杰地灵。正所谓一方水土养一方人，被誉为"清学开山始祖"的亭林先生——顾炎武正是诞生于此。他的思想理念伴随着古镇千灯的历史轨迹，绵延千古，源远流长。今天，就让我们穿越百年时空，与他为友。来，让我们轻吟他的名字——顾炎武。

二、抛砖引玉，经师人师

1.同学们，近代著名学者梁启超先生是这样评价他的（指读）——我平生最仰慕亭林先生为人，我觉得他不仅是经师，而且是人师。

2.是的。梁先生说，顾炎武不仅是——（经师），还是——（人师）。

3.同学们，你知道什么是"经师"吗？那"人师"又是什么呢？

4.的确，顾炎武不仅仅是学问的大家，也是育人、道德的典范。看到大家摩拳擦掌、蠢蠢欲动的样子，那就让我们迫不及待地走进顾炎武的世界吧！

三、趣味魔盒，分享展示

1.同学们，你们瞧！朱老师为每一小组准备了一个潘多拉的魔盒，你们想不想知道其中的奥秘呢？那谁来猜猜看，这里面究竟放了什么宝贝？它又和谁有关联呢？

2.要想解开其中奥秘，我们必须有一把通关的钥匙！别着急，现在听朱老师的指令——请我们每组的小组长慢慢地、虔诚地从你们的魔盒中取出一张纸签（强调：只要一张哦），再慢慢地、虔诚地打开它，读一读上面的魔咒！只要足够用心，大家齐心协力，魔咒就会变出一把金钥匙，来叩动我们的芝麻大门！

3.那怎样才能让魔咒生效呢？且看大屏幕：

第一步：小组内部成员间，根据纸签上的暗示，集思广益，畅谈相关顾炎武的信息密语。（当然在这里，朱老师也偷偷地给大家开一个外挂——你们可以借助桌上的iPad查找相关资料）

第二步：组内推举一名小代表，将与之相关的魔咒密语一一汇总，向大家侃侃道来。

友情提示：魔咒将在5分钟后正式启动！

4.小组代表分享与展示。

相机评价：

（1）顾绛：一个"绛"字饱含深意，来让我们回到当时——在朱老师眼中，顾炎武是——

（2）书法：你喜欢书法吗？你觉得他的书法作品如何？来让我们共同欣赏。

（3）母亲：母亲的家国情怀真是可歌可泣。顾炎武正是在这样的情怀之中，耳濡目染，成为一代大家。

（4）生平：看来你对顾炎武的人生经历十分了解。老师在这里也有一段介绍想与大家分享，谁来读？（好一个"天下兴亡，匹夫有责"的顾炎武）

（5）拒绝奉养：顾炎武用他的身体力行来诠释了周敦颐在《爱莲说》中所谓的——出淤泥而不染，濯清涟而不妖。

（6）归奇顾怪：人生几何，知音难觅。归庄与顾炎武果真是志同道合。

（7）日知录：顾炎武说他的平生之志与业皆尽于此，果然名不虚传。

（8）精卫：炎武先生的家国之志，如同精卫填海的志向，身沉心不改。

四、妙解慧语，见贤思齐

1.过渡：同学们，我们刚刚从人生经历、家国情怀、治学思想和处世态度等多角度展开了对亭林先生顾炎武的初步认知。（板贴：初解）你们看，只要用心，就会有收获，芝麻的大门徐徐打开啦！同学们，此时此刻，你看到了什么——《见贤思齐——三贤名言家训读本》。

2.这件培小出品的宝贝呀，里面汇聚着亭林先生顾炎武智慧的言语，闪烁着思想的光芒！你们想不想一探究竟？

3.现在，这件宝贝就藏在你们的桌肚里。请同学们带着虔诚的心，打开它，选择一句你最喜欢的顾氏语录，联系你的生活实际来分享你的见解。但是时间有限，5分钟后我们仍是每组推荐一名能说会道的同学上台，自信分享。计时开始！

4.分组，学生交流，分享自我见解。

评价：的确，吾辈之任，任重道远/的确，学习就如逆水行舟，不进则退。

以已为镜，鉴往开来/知识的积累就如采铜于山，积水成渊。量变带来质变。

5.看来，大家收获多多！如果说，刚刚的魔咒密语让我们初步走近了这位亭林先生，那么大家的真知灼见更使我们如沐春风，感受到了顾炎武先生的思想光辉。（板贴：真知灼见）

五、真知灼见，小小发布会

1.同学们，你们知道吗？今天台下那么多的老师是专程来目睹你们的风采。

2.还没有发言的同学不用心急，机会多多！这不，顾炎武先生作为昆山三贤的代表人物，想要你们帮他召开一次发布会，让更多的人认识了解他。形式不限，现在就请大家八仙过海，各显神通——用你的巧本领来帮帮顾炎武先生吧！

3.学生上台展示（书法、单口相声、自创诗朗诵）。

六、内化于心，继承发扬

1.其实，顾炎武的思想精髓不仅仅深入了你我的心中，更是渗透在小培两千余名师生之间。不信？你们瞧！这是哪里？（日知园——它正是得名于顾炎武先生的思想巨著《日知录》）

2.《日知录》中承载着他的家国情怀，这样的情怀需要我们继承与发扬。不仅如此，我们培小的"本道课程"更是与顾炎武的思想一脉相承。而且，我们东校区的前址就是玉山书院！所以说，我们小培学子既是幸福的又是幸运的，因为我们始终与巨人并肩前行。

3.同学们，我们的玉山培小将亭林先生顾炎武的思想内化于心，外化于行，但我们的祖国又何尝不是这样呢？（播放相关片段）看来，他的思想已经根植在我们中华文化之中，永垂不朽！（板贴：内化于心，外化于行）

4.最后，让我们以自己的所收所获暂别顾炎武老爷爷，结束今天难忘的一课！谁愿意来畅谈你的感悟，展示你的风采？（炎武先生说：人之为学，不日进则日退。愿同学们保持初心，畅游无涯学海！）

七、作业布置

1.通过学习，试为顾炎武绘制一张精美的名人卡片。

2.顾炎武曾言道，他的平生之志与业皆在著作《日知录》中。言为心声，想要深入了解这位清学"开山始祖"的同学，此书值得一读！

八、板书设计

走近顾炎武

经师人师

见贤思齐

继承发扬

（活动设计者：何　超　朱晓晟）

奇妙的CS

【教学目标】

1.运用趣味的引导方式，让学生了解厕所的奇妙之处。

2.结合视觉渲染，激发学生的想象力，畅想他们心中的奇妙厕所。

3.学生能通过小组合作的方式完成"奇妙厕所"的设计和分享，在激发想象力的同时培养个人的合作与交流能力。

4.让学生从听到想，从合作到分享，从了解厕所文化到感受它的文化魅力，达到由外到内的情感升华。

【教学重点与难点】

重点：激发学生想象力，合作分享自己的设计。

难点：让学生感受厕所文化的魅力，达到情感上的升华。

【教学过程】

●激趣导入

1.今天我们这堂课的主题是"奇妙的CS"，对这个题目，你有什么疑问吗？

预设：CS是什么？

（评价：你对这两个字母比较感兴趣）

2.你们知道CS是什么吗？再猜猜看？

（评价1：你觉得它是一个射击游戏）

（评价2：你跟他的想法差不多）

3.这个CS是我们每天都要去的一个地方，指的是厕所，是厕所拼音的首

192

字母。

4.还有什么疑问吗？

预设：奇妙在哪里？

5.你很善于抓住关键词，这厕所到底奇妙在哪儿呢？让我们一起去看看。

● 初识奇妙

出示图片：四幅造型奇特的厕所图

1.请同学们仔细看这几幅图，有什么发现吗？

预设：这几个厕所的造型都很奇妙。

2.为什么厕所要设计成这种形状？

预设：有趣，让人想去上。

（评价：是啊，为了吸引人群，设计者可是花了不少工夫。）

3.想想看，这厕所还可能有哪些奇妙的造型？

预设：西瓜造型、元宝造型……

4.大家都很会想象，但其实，厕所中还有更奇妙的地方，想去看看吗？请同学们认真看这段视频，找找厕所中的奇妙之处。发现了吗？

（评价：这位同学反应很快，请你来说说看）

预设1：自动售货机、ATM机、WIFI、休息室……

（评价：你是个善于观察的孩子，你发现了这边的厕所除了使用方便外，还有其他的功能）

5.还有什么发现？

预设2：排泄物处理，能源利用，你应该对科技很感兴趣，关注到了高科技在厕所中的运用。

〔评价：这厕所真是功能强大。（板书：功能）〕

6.除了视频中介绍的功能外，你觉得厕所还可以有什么其他功能？

预设：网上冲浪室、放置充电宝、便民药店……

（评价：你是个会思考的孩子）

●合作探究

1.有人说，儿童是天生的诗人；我觉得，儿童还是天生的创想家，你们奇妙的想法真是让老师眼前一亮。想不想也当一回设计师，设计出你们心中的奇妙厕所？

预设：好！

2.在设计前，老师请大家先做两件事，谁来为我们把它响亮地读出来。

出示：设计要求

（1）4人一组，自选一名同学作为组长。

（2）组长给小组成员分工，并将贴纸贴在胸口，完成后，坐端正。

好了吗？那我们一起来读好下面的两个要求。

（3）在指定时间内，合作完成表格和作品。

出示：表格图

（4）选择合理的方式进行奇妙展示秀，班级评选最具创意小组。

3.明白了吗？开始吧！（学生开始合作完成小组设计）

●作品展示

1.刚刚老师看到了我们班孩子的凝聚力，每个小组都能够分工明确地展开探索，值得表扬！哪个小组愿意第一个来展示。（选择3~4个小组）

2.投影呈现学生作品。

（评价1：不难发现，这是一个爱学习的小组）

（评价2：老师觉得你们小组有一个航天梦）.

（评价3：爱吃的同学，设计的厕所都跟食物有关）

3.这节课我们就先展示这几个作品，其他小组可以下次再展示。在这几组的设计中，你们觉得哪个厕所设计得最奇妙？

4.每组有一次投票机会，将你们的票贴在这边的小爱心上。

（学生代表投票，评选最具创意设计）

●实物欣赏

1.在我国高等学府清华大学，有一个美术学院，他们也设计了一个奇妙的厕所，并且，在国际交流中获得了设计金奖。现在，他们的设计已经变成了实物，你们知道建在哪里了吗？

预设：上海、北京……

2.其实它离我们很近，就在昆山，在一所小学中，它叫培本实验小学，想看看吗？

播放视频：生态厕所介绍

3.看完视频，你对自己设计的厕所有没有新的想法？（学生畅所欲言）

（评价：博采众长，学以致用是会学习的表现）

4.课后，同学们可以完善自己的设计，老师相信，在不远的将来，你们的设计也将成为现实。老师给你们推荐一部来自印度的电影《厕所英雄》，（出示图片）对你们了解其他国家的厕所文化会有很大的帮助。

出示：习近平主席言论："厕所是人类文明的尺度。"

5.最后，跟大家分享一段习近平总书记的话："厕所是人类文明的尺度。"习主席对厕所有着如此高的评价，可见厕所文化的发展刻不容缓，奇妙的厕所也即将走进我们的生活。

●板书设计

奇妙的CS

造型

功能

"奇妙的 CS"研究方案

一、课题名称

1.课题组长

2.课题组员

二、我们的分工

造型设计员：

功能设计员：

作品绘制员：

表格记录员：

研究汇报员：

三、我们的研究方法

观察（　　）　调查采访（　　　）　查资料（　　　）

讨论（　　）　其他_____

四、研究内容

1.设计的厕所造型是什么样的？

2.为什么要这样设计？

3.你们设计的厕所有什么功能？

五、作品展示方式

小报（   ）   演讲（   ）

表演（   ）   画 （   ）

（昆山市培本实验小学　杨伟杰）

为爸爸写诗

【教学目标】

1.让绘本融入童诗教学中，激发学生积极的情感体验。

2.于活动中激发学生的想象力和灵感，提高写作能力。

3.在创造和分享中促进学生的合作与交流能力。

【教学过程】

第一部分：活动设计

一、绘本导入，激发兴趣

1.同学们，最近童老师迷上了看绘本故事，前两天我看了一本绘本，特别有意思，叫《我爸爸》。有没有同学读过？没读过也没关系，我们来读几页。（出示4页，指名读）

2.有意思吧。在作者安东尼·布朗的眼里，他的爸爸怎么样？真是一个了不起的爸爸呀。同学们，你们的爸爸呢？谁来向我们介绍介绍自己的爸爸？（相机总结诗一般的语言，比喻、夸张等修辞）

（设计意图：把绘本融入童诗教学之中，不是绘本与作诗的简单叠加。绘本以资源的形式进入习作教学现场后，就不仅仅是以资源态势存在，而且是学生言语创生的语感状态触发与持续的"助推器"；是创作素材遴选与发掘的"催化剂";是写作技法借鉴的"载体";是放飞想象的"羽翼")

二、先写后教，释放个性

多么有意思的介绍啊。看来，每个同学都有一位了不起的爸爸！

同学们，今天我们不写绘本，我们来为爸爸写诗。（板书）

你们有信心写好吗？要对自己有信心，你们的语言，天生就是诗。快动笔写一写吧，给你们三分钟的时间。

（设计意图：该环节的教学理念是"先写后教，以写定教"，避免了做前指导后出现千篇一律的现象，在一定程度上提升了学生的原创力，学生可以写出"鲜味"）

三、名篇引路，采撷智慧

1.孩子们，你们写得可真投入啊。来，把你的创作先放在一边。刚才，你们都为自己的爸爸写了一首诗，告诉你们啊，美国有一位大诗人，谢尔·希尔弗斯坦，他也给爸爸写了一首诗，想不想看看大诗人是怎么写的？

2.谁来为我们朗读？这首诗有趣吗？哪里有趣？

3.还想读读其他诗人的作品吗？这是作家阎妮在8岁时为爸爸写的一首诗，谁来读一读？

这首诗，你们觉得怎么样？

4.这位诗人7岁就开始写诗了，11岁出版了自己的第一本诗集。孩子们，你们也是天生的小诗人。和她一样，大胆地想象，想别人没想到的，想别人不敢想的，你们也能成为了不起的诗人哦。

来，让我们一起读读这首有趣的小诗。

5.孩子们，老师这里还有一首台湾诗人写的诗，想不想读读？

（出示题目）一起读读题目。你们的眼睛里有好多问号，是不是有什么不明白的地方？不说，往下读。

（作者提示）一起读读作者的名字。有答案了吗？不说，我们继续往下读。

6.你也来谈谈这首诗吧。这首诗和刚才那首有点像，都在写……对。同样是爸爸的鼾声，传到两位诗人的耳朵里，一不一样？这位台湾诗人是怎么写的呢？请你仔细读读，哪句诗最吸引你？

（设计意图：不管是"前教"还是"后教"，目的都是为了解决孩子自己的习作问题，从而提高习作的质量。通过学习名家名篇，学生思维的火花迸发，抓住灵感，准备修改）

四、互动修改，当堂提升

1.孩子们，刚才我们读了三首大诗人的诗，我们发现，他们的诗中都有我们一般人想不到的句子，这就是他们的成功之处。此时，你可以拿出你刚才写的小诗了。童老师给你们5分钟的时间，你可以修改修改自己的作品，把大家都想得到的句子改一改，改成只有你才能写出来的句子，那你就了不起啦。快动笔吧，小诗人们。

2.巡视，指导。

3.时间差不多了，现在我们要读读自己写的诗了。谁自告奋勇，愿意第一个来读诗。

（指名交流，互相评议，说说哪句诗最了不起，是别人想不到的）

4.知道吗，有一个和你们一样大的孩子，也为爸爸写了一首小诗，还配上了插图呢，想不想看看？（出示）我们一起读读他写的诗。

5.刘羽飞写了爸爸的职业，特别有意思。同学们，你们还想为爸爸写一首什么小诗呢？我们不说了，快动笔写写吧。

展示，交流，师生评价。

（设计意图：修改与二度动笔，对于孩子来说，不是简单的方法问题，关键是过程中的及时纠正、及时指导、及时激励。当孩子出现偏差的时候，给予指正、建议，使之完善；当孩子改不下去的时候，给予指导、示范，使之顺利动笔；当孩子有进步、有突破、有创意的时候，给予激励、肯定，让他们体验习作成功的感受）

五、总结升华，节日献礼

1.孩子们，知道童老师今天为什么要带着你们给爸爸写诗吗？

2.你们真了不起啊！同学们都很有孝心，关心着爸爸的节日。下个月的19号，就把你自己创作的这首诗（贴板书），作为父亲节的礼物，送给你们独一无二的爸爸，好不好？也可以像刘羽飞一样，为你们的小诗配上画哦。

今天的课就上到这儿，下课！

第二部分：教学反思

一、本节教学的问题（闪光点）

二、解决问题的方法与效果（教学闪光的原因分析）

三、未来教学的策略与思考

（教案设计者：童欣瑶）

评价
PING JIA

——儿童立场的课程评价之路

课程评价

一、评价基于立德树人，增强学生德育实践体验

结合学校30多年的体育特色，德育处开发了"争金夺银我能行"常规评比活动，每周一汇总，周一升旗仪式颁发金、银、铜牌。同时聚家长之力开发"桂花树下"家校共育课程，成为苏州市中小学家校教育课程项目学校；聚校友之力开发玉山书院主题活动资源；聚社会之力开发社区、跨单位共建资源等。借用CCtalk云平台，开设云课堂；借用"智慧昆山"App，开展"小培家庭秀"等。

东西校区均有玉山书院主题教育馆，开展三贤文化课程。德育评价也颇具个性化，构建了培本的评价树，研发了评价奖章，明确了争章规则，研制了兑换地图，开发了本道文化奖品。以养成教育为重点，对争章存折、点赞卡等事项，每月发布一次。在小培生长吧里，下设试试吧、议议吧、秀秀吧、兑兑吧，每个吧包含多个成长平台，比如兑兑吧，有真真银行、灵灵超市，可以兑换奖章。而这些成长通道，让学生在学习实践和丰富经历中体验幸福，蓬勃生长。

二、评价关注本道"真课堂"，提升学生学科核心素养

（一）"真课堂"实践模型

本道课堂采取四个基本原则：实践性原则、合作性原则、趣味性原则、目标性原则。同时注重教师的五个主要教学策略：观察、倾听、激励、等待、引领，还关注学生的五条学习路径：好奇联想、合作探究、快乐分享、实践创新、蓬勃生长。

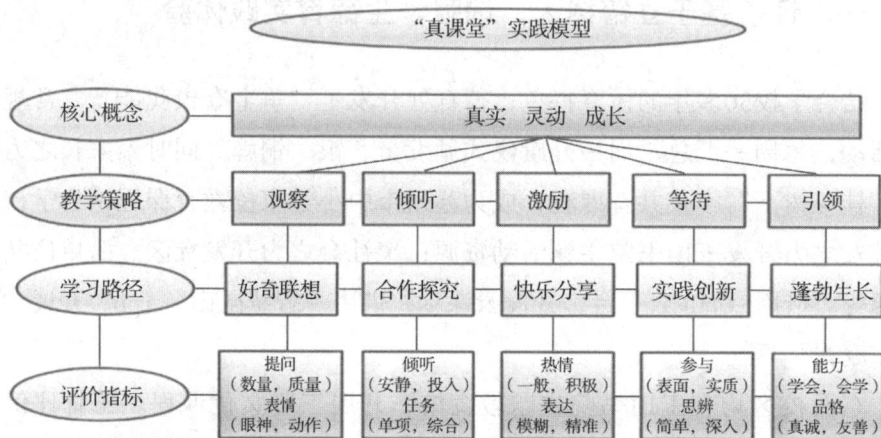

图 1　培本实验小学"真课堂"实践模型图

（二）"真课堂"的评价

课堂教学评价首先是基于课程标准的评价，要有结果性评价，还要对教学的真实性、过程性、生成性、发展性展开评价，注重对学生成长的动态变化进行综合评价和绿色评价。

本道"真课堂"观察与评价指标

授课教师：	学科：	课题：	班级：				

观察维度	关键点	参考指标	评价 A＞B＞C＞D＞E				
			A	B	C	D	E
教学设计	目标	1.教学目标基于课程标准，有针对性。能针对课程内容和学生能力基础来设定					
	活动	2.体现"真课堂"核心概念，真实、灵动，设计以学生实践体验为本的活动					
	资源	3.提供适合于目标有效落实的教具、任务单、音频、视频等					
教师教学	观察	4.教师能观察每一位学生的课堂表现					
	倾听	5.教师善于倾听学生的发言					
	激励	6.站在欣赏的角度，用鼓励、表扬的语言启发学生质疑、提问、思辨					
	等待	7.给学生足够的思考时间，耐心等待学生的回答					
	引领	8.针对学科知识、能力的发展及时点拨，善于在学科中渗透做人的道理					

学生学习	好奇联想	9.学生对所学内容充满好奇，能展开联想，表情投入				
	合作探究	10.积极参与综合的合作学习过程，能安静投入地倾听他人的发言，在合作中承担学习任务				
	快乐分享	11.能积极热情地与同伴分享学习成果，用生动、精准的语言表达				
	实践创新	12.善于思考，深入思辨，能实质性地参与到实践创新活动中				
	蓬勃生长	13.运用学习方法，学会举一反三，形成真诚友善的良好品格				
综合评价	案例描述： 综合评语： 观察者： 时　间：　　年　　月　　日					

小培娃的多元评价

"有什么样的目标，就有什么样的人生。"设置适当的目标，能够激发孩子们的动机，调动他们的积极性，使孩子们明确学习和生活的方向。在20世纪80年代，那个年代大人唱的是"戴花要戴大红花，骑马要骑千里马"，大红花在孩子们心目中是最光荣的、最崇高的，因此"人人争戴小红花"是学校很有影响力的一个活动。学校德育处将学校红领巾奖章体系、学校的德育活动、学科老师的激励作用、家庭的影响力等一系列的因素结合起来，建立了一套属于小培娃的多元评价激励制度，助力孩子的全面发展、健康成长。

一、点面结合，个人与集体评价双轨并行

1.针对集体评价："争金夺银我能行"活动

"争金夺银我能行"活动是学校结合体育特色开展的一项活动。以"金银铜牌"作为切入口，以"小学生日常行为规范"为主要评比内容，成立了由校长室、德育处、大队部和中队辅导员代表组成的中队常规评比的"组委会"，负责日常事务的评比事宜。活动一共设立了纪律、路队、卫生等11个评比项目。建立"'争金夺银我能行'常规评比奖牌榜"，周五统计一周总星数，根据星数的多少评选金牌中队、银牌中队、铜牌中队。周一的升旗仪式举行庄严的颁奖仪式，由校长给各中队颁发金、银、铜牌奖章。

2.针对个人评价："五彩成长激励章"活动

学校将国家对未成年人的核心素养要求与学校的培养目标相结合，提炼出了小培娃应具有的五大核心素养：家国情怀、求真养智、健体澄心、循理尚美、实践创新。那如何来培养这五大素养，让这五大素养真正落地？这必然需要与之配套的、多层次的、多方位的、可操作的评价体系。而这一评价体系需要从多主体、全过程、多方位、重发展的角度去观察、发现、接纳和评价孩子身上的闪光点，能够关注孩子之间的差异性和个体发展的不均衡性，从而促进每一个小培娃的健康发展。由此，五彩成长激励章争章活动应运而生。

（1）评价内容：广角多元，人人发展

围绕这五大核心素养，学校制定了十大奖章。围绕家国情怀制定了志愿章；围绕求真养智制定了乐学章、书香章和墨香章；围绕健体澄心制定了健康章；围绕循理尚美制定了礼仪章、尚美章；围绕实践创新制定了诚信章、自理章、创想章。这十大章全面体现了小培娃的核心素养，挖掘出每一个孩子身上的特长和闪光点，发现、发展他们多方面的潜能，多角度地评价孩子在各方面的进步和变化，促进人人发展、全面发展。

（2）评价方式：尊重个性，多元标准

这一评价体系尊重孩子的个体差异，通过多元化的评价标准，最大限度地点燃他们的热情，激发他们的兴趣，让他们在老师的评价中真正获得正确的认识和锻炼，从而优化发展自己的个性。

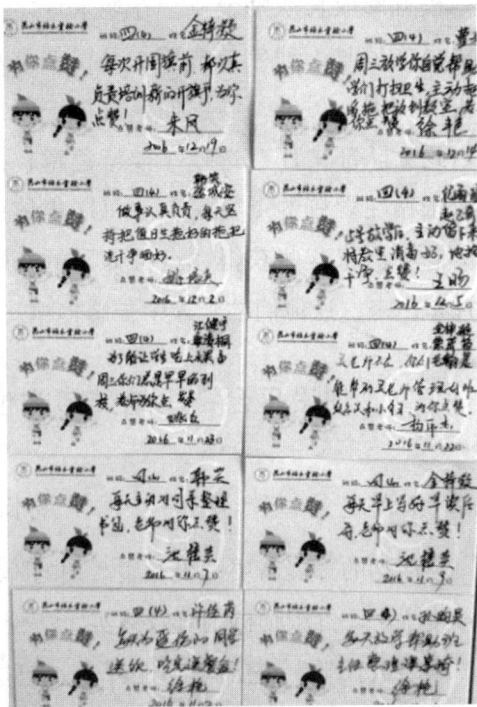

为了更好地达到评价实效，学校还设计了一张特殊的卡——点赞卡。这张点赞卡是面向全体的，每个辅导员老师平时密切关注小培娃在生活中的言行举止。当看到一位队员主动捡起脚边的纸屑，或者发现一位队员在主动帮助他人，或者听到一位队员在热情地和你打招呼，辅导员都可以随时随地为他点赞。这样的点赞打破了中队的限制，拓宽了评价的范围和内容。能够得到一个陌生辅导员老师的点赞，孩子们的体验肯定是快乐的、深刻的，更是难忘的。

（3）评价过程：全员参与，多元争章

这个综合评价活动全员参与，每个辅导员结合自己的学科特点拿到相应的章，根据各自的评价标准引导小培娃来争章。他们发挥自身的特长和优点努力争取各自的特色章，通过争章取长补短，弥补不足，努力争得更多的特色章，获得更多的自信，促使自己更全面地发展。

（4）评价结果：及时反馈，增强实效

为了让"评价"成为小培娃积极向上的"加油站"，使他们具有自信心和持续发展的动力，在多元评价中感受成长的快乐，我们要做到及时反馈，在他们的争章活动中加点甜。每个小培娃都有一本特殊的"存折"——争章存折。根据一学期的表现，获得任意五枚章，将获得一枚五彩成长激励银章。集满三枚银章可以获得一枚五彩成长激励金章。在期末评定三好生和十大培小之星时，辅导员将孩子获得的章数作为评价的主要依据。另外，学生如果获得一张点赞卡，就可以到大队部来任意选择一枚特色章，同时还将点赞卡张贴在学校的点赞榜上。每周集体晨会上，辅导员老师会将这些获得"点赞卡"的孩子的名字大声宣布出来，让他们的个人荣誉感倍增。

二、创设平台，小培娃多方位齐头并进

1.搭建多彩舞台——小培"成长吧"

活动的开展需要一块专属活动的阵地，为了让学生有归属感，同时让"五彩奖章"评价激励机制有效落实，学校在原有队室的基础上，将一层楼扩建成"小培成长吧"。它活动功能齐全，包括了学校队室、真真银行、灵灵超市、成长秀、澄心花园、小培电视台以及辅导员工作室等。它是一个小培娃"当家做主"的活动中心，也是一个家校活动的中心。特别介绍一下真真银行和灵灵超市，它们是孩子兑换奖章的场所。孩子可以用获得的奖章兑换实物，比如橡皮、铅笔、书签等学校研发的文化特色产品。

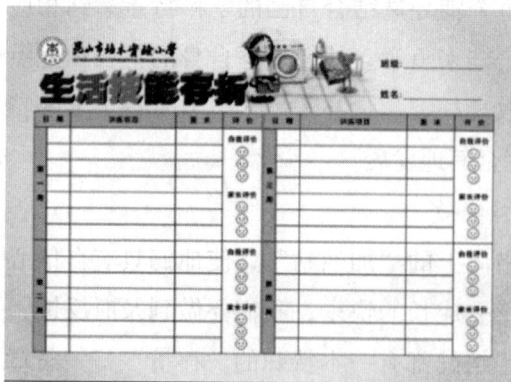

2.享受自我成长——三份存折

三份存折即阅读存折、健身存折和生活技能存折。由孩子自行记录，同时需要家长的督促和

老师的激励。三份存折、三个维度，助力学生的校外家庭教育。

3.关注多重体验——"HAPPY"红领巾社团

以自愿报名、自主活动为原则，全校成立82个红领巾社团，每周五下午全校走班活动。这种社团活动方式打破中队的界限、尊重孩子的选择，让活动回归孩子，让他们体验成长的快乐。HAPPY红领巾社团也是小培娃获得五彩章的一个重要阵地。如手工社团的孩子们就可以用他们的优秀作品争得尚美章，体育社团的孩子们也可以通过优良表现获得健康章。学习争章两不误。

昆山市培本实验小学本道HAPPY十佳社团评价表

课程名称：_____指导教师：_____评价人：_____

项目	内容	分值	自评得分	考核得分
指导思想 10	1.体现以学生为本、教师指导、动练结合的教学原则	4		
	2.重视实践能力和创新思维的培养，促使学生蓬勃生长	3		
	3.注重德育渗透和情感熏陶，培养学生的综合素养	3		
教学设计 8	4.目标明确翔实，符合学生的身心发展	4		
	5.内容充实，层次分明，活动丰富，针对性强	4		
指导过程 24	6.结构合理，方法恰当，灵活多变	4		
	7.突出重点，突破难点，善于激趣引疑	5		
	8.富有节奏，善于引领学生质疑思辨	3		
	9.面向全体，善于倾听，反馈及时	3		
	10.注重学法指导，情知交融，启迪思维	6		
	11.训练有张弛，课堂灵动有趣	3		

项目	内容	分值	自评得分	考核得分
教师素质 8	12.教态自然大方、语言规范，调控能力强	4		
	13.合理使用教学用具、恰当融入多媒体教学	2		
	14.板书简洁规范，新颖美观	2		
全体性 12	15.全体学生积极参与，训练面广，合作探究	6		
	16.全体学生学有所得，发展个性	6		
全面性 13	17.掌握方法，学生多元发展	7		
	18.训练效果好，激活思维，知识能力齐发展	6		
主动性 11	19.氛围活跃，主动投入	5		
	20.自主实践，学、思、辨、议、练、创相互交融	6		
创新性 14	21.善于思考，勇于质疑，见解有新意	7		
	22.举一反三，灵活运用方法解决实际问题	7		
总　分				

等级分数：优秀90分以上，良好80~90分，合格60~79分，不合格60分以下。

故事
GU
SHI

——师生驰骋本道的精彩绽放之路

大数据下的校长难题何去何从?

杨老师的思考:

我是一名数学老师,叫杨洋。做课程是认真的、严肃的,但方式却可以是激情的、活力的。以这样的方式和大家介绍我们的课程,那是因为在校长难题背后,正如快闪一样,有着一支不畏疲倦、充满活力的队伍!

接下来用这10个数据来说明我们的课程,和大家分享这10个数据背后的故事。校长难题在过去的3年半42个月的时光里,共推送了70期。在全校38位数学老师和近270个家庭的共同参与下,3年多来,我们共收到了近18200个解题视频,其中近15400个视频获奖。我们校长难题解题视频在腾讯视频中的累计点击率高达91000多次。每周日晚上的10点,是发送解题视频的截止时间点,我们老师守在电脑前,等着孩子们最后解题视频的发来。周日的10点之约,为的就是不让任何一个对解难题有兴趣的同学留有遗憾。提高孩子学习数学的兴趣,提升他们解决问题的能力,正是我们这样一群培本数学人坚持的意义!下面有请培本数学新生代力量章迎华老师,为我们讲述这70期校长难题的设计理念与演变历程,大家欢迎!

章老师的思考:

我叫章迎华,是2019年工作的数学老师。来到小培时,校长难题已经走过了两个年头,当时的校长难题是一周一推一答一颁奖制。每周二推送难题，学生在周日晚10点之前将解题视频发送到对应的年级老师那里。在这一过程中离不开全体数学老师的辛勤付出，有出题的，有做微信推送的，其中最辛苦的莫过于看学生解题视频的老师，每个星期日的晚上，最多的时候需要观看五六十个学生的答题视频，最后得出获奖名单。看，这是某某老师在本学期晚上X点时还在观看学生的视频。

事情的发展总是除陈革新，经过长期的实践，我们发现这种模式存在着一些不足：其一，随着参与学生人数的增长，花费在观看学生的解题视频上的时间也越来越多，效率不高；其二，一部分学生的解答结果，是由家长一步一步教给孩子说的，学生自己还是不明所以，并没有达到训练学生解题能力和思维拓展的目的；其三，这个项目叫"校长难题"，却慢慢演变成校长只是来颁奖和拍照，这样项目的名称和实际操作有点不匹配。

基于以上几个问题，在这学期，校长难题迎来了重大的改变。首先，由原来的"推送题目—观看解题视频—颁奖"这种模式改变成了现场答题，在规定的10分钟内完成，老师当场批改完颁奖。这样不仅大大提高了效率，也能有效地训练学生解题能力。其次，我们还增加了一个板块——校长工作中遇到的难题，比如这学期的一个难题：关于校园垃圾分类的实施方案，它不仅和数学有关，还是一个综合性的题目，更加考验学生遇到问题时分析问题、解决问题的能力。

小结是为了更好地前行：

杨老师、章老师用自己的切身参与和感受同我们讲述了校长难题的演变历程，感受到了大数据时代下的校长难题在不断推陈出新。解决数学难题固然重要，但能将数学思维应用实际，解决生活难题，才是真正的财富！大数据时代下的校长难题该何去何从呢？内容的创新、方式的变更，这都是我们的进步！

如果说教育是一场不断提升自我的修行，那么我们首先要修炼的，就应当是一颗爱思考、敢创新的心。在这条修行之路上，一定会伴有孩子们的笑声、提问声和吵闹声，但这也是他们的进步！和我们一样，爱思考、敢创新、愿表达！大家培小！我们一起进步！

（杨　洋　章迎华）

一米农场

学生的学习有两种方式：一种是知识性的学习，另一种是实践性的学习。古人有云："知行合一。"一米农场课程的学习就是如此。

在课程尚未正式开始前，学生就兴冲冲地来问我这个学期我们种什么，我顺势让他们回去讨论。在讨论中他们初步知道了季节等因素对于挑选种子的影响。后来，我们经过商议，决定先种植菠菜、蓬蒿、生菜、青菜等，再在日知园里种植波斯菊。

在课堂上，通过学习，学生了解了蔬菜和花卉的种植方法、生长过程、营养价值、观赏价值等，这激发了他们对种植农作物的兴趣。

种植实践是《一米农场》课程的主要内容。所以学生要前往校园一米农场亲自动手实践。在农资公司专业人员和老师的指导下，他们除草、翻土、播种、浇水、施肥、除虫，学会了一些蔬菜种植的方法，接着自主管理，最后愉快收获。有的分享给同学，有的带回家烹饪，做成了美味的佳肴，学生体验到了劳动的艰辛，品尝到了收获的喜悦。我们由此也做了一期微信推送，收到了不错的反响。

学生在亲自种植的过程中也发现了不少种植问题，例如：为什么不同的地方出苗率不同？浇水的频率、时间、水量分别是什么？如何抓住季节促进植物生长？等等。在整个种植与管理的过程中，产生了一个个问题，由此我们形成了学习小组，通过查阅相关资料、咨询父母亲、访问农民等途径找寻解决问题的方式，并在课上交流讨论后，写出各组的研究报告。学生自主思考，合作探究，解决问题，不但培养了他们自主学习和协作解决实际问题的能力，而且形成了科学种植农作物的思路。

除了课上的时间，同学们经常利用课余时间去观察蔬菜生长，是否有害虫，是否需要浇水、施肥。他们以小组互动的形式，进一步发展自身，让自我价值得到展现的同时，又发扬了合作互助的精神。

下面是我们班的一名小农民分享她的参与感想。

大家好！我叫张馨允，我是一米农场中的一员。这个课程让我知道了许多农耕知识，例如，蔬菜的种植、养护与管理，插花等。掌握了这些知识后，我们就开始正式种植了。

在漫长的种植过程中，我知道了清理杂草要连根拔起，不然还会再长的；在锄地时要把地锄匀；浇水时要浇透但也不能浇太多，也不能在中午很热的时候浇；铺营养土的时候量要适中……

在学习过程中，我脑海中也浮现出了许多问题：为什么菜会被虫啃？为什么菜会长不大？为什么农药不能用手碰？这些问题我在课后通过咨询老师、查阅书籍等资料，找到了答案。

我非常喜欢这门课程，因为它不仅让我知道了许多种菜种花的知识，还培养了我的动手能力和团队协作能力，所以我喜欢一米农场。如果以后还有机会，我还要参加。谢谢大家！

在课程实施的过程中，我们也遭遇了一些困难。下面是我们班的另一名小农民分享他的参与感想。

大家好！我叫黄继成。我刚加入一米农场的时候很激动，脑子里一直在想我们这学期会做些什么。就这样，怀着激动和期待的心情，我们来到农场，开始选地。可惜，我选了一块阳光照不到的地方，而且在播种的时候，种子撒太多了，以致在下面几次活动中，别人的菜都发芽了，而我的一棵发芽的都没有，这使我深受打击。我蹲在地上，不敢相信这一切。同学和老师都来安慰我，这才使我不再难过。后来，老师让我们种波斯菊。我这次学乖了，自信满满地找了一块非常好的地，然后开始铺营养土，但我一不小心往地里多舀了几勺营养土，于是导致肥力过剩，上了三次课都没长出来。功夫不负有心人，第四次终于长出来了，只是长得稀稀疏疏，个子也很矮小。又过了一段时间，一位同学退出了，他的田地由我代管。这一次，我吸取了之前的教训，十分细心，对它精心呵护。终于，我成功了！

通过一米农场的学习，我明白了不管遇到什么困难，都不要怕，要微笑地面对它，想办法解决它。坚持就是胜利！

一学期的课程实践，我们有收获，也有反思。因为课程能容纳的人数有限，而且大多在校内进行，学生进行种植实践的机会还是太少，所以我们设想以后在学校内发掘开辟新的一米农场，欢迎更多的同学积极加入。此外，在课程进行的同时，我们要鼓励学生试着将自己掌握的技术运用于家庭种植或者服务于社区，将自己的点滴技能与爱心奉献社会。

在一米农场课程中，学生们深刻地理解了种植与收获的意义。种植与收获之间有一个重要的环节就是过程，而这个过程就是学生们要去做，而并非停留在书本知识的学习上。

最后，希望一米农场能培育出更多的新苗，提前祝大家新年快乐！谢谢大家！

（教案设计者：陆志燕）

怎样让"三贤讲堂"从1.0升级成3.0?

"三贤讲堂"这一本道课程实施也有一段时间了,其间关于这门课程,一开始是单独一人摸索,在2019年加入了一位年轻老师,一起参与这门课程的开发,后来在专家的大力帮助下,进行了精心的设计与打磨。其中让我印象最深的是上海黄浦区课程专家韩老师也对这门课程给予了很大的帮助,从课程目标、课程实施、课程评价等多角度进行详细指导,"三贤讲堂"这一课程开发也经历了从一开始的学校版到详细版再到简要版等变化。当然,课程的开发并非我们想象的那么容易,一路走来,有不少坎坷、困惑,当然学生确实也从这一课程中收获了些许三贤方面或者说三贤给予他们人生的启示。

之前学校有过一本《见贤思齐》的读本,里面收集了许多顾炎武的名句,两年前,结合着这本读本,首次开设了"三贤讲堂"这一课程。一开始的课程开发,我们的着眼点在于学生朗诵这些名句,进而再上台分享从这些名句中你收获了什么?可由于学生的水平有差异,发现课堂上有些学生很会说,而有些学生不知从何说起。后来学生反映,他们对三贤方面的了解少之又少。确实,这样的人物虽然是昆山的三贤,是昆山本土文化的一面旗帜,但鉴于这样的历史人物很难勾起学生的兴趣,所以导致了这样的局面。因此,对于一开始这个课程的开发,我也很迷茫,对于我而言,对他们了解的内容也不多。于是,在接下来的课程实施中,我有针对性地减少内容的讲解,把注意力集中在关于这三位人物的视频上面。对于顾炎武的介绍,网上有几个影像资料,我课堂上播放给孩子们看后,没想到他们还是比较感兴趣的,视频介绍得很直观,清楚明了,既有图片又有音频,还有一些专家给予他们的评价，两全其美，这样相对而言学生学得也轻松。有了这样的铺垫，学生对于三贤的了解慢慢充实了起来。对于课程开发而言，可以概括地说这些就是比较原始的1.0版本。

在2019年，本组有一位年轻教师一起加入了"三贤讲堂"这一课程的开发，由于班级、学生都有所变化，因此在1.0版本的基础上，我们又经过不断思考，在此基础上，从学生人数、目标的制定、内容的选择上有所变化，可以说是一次升华，尤其是本组的朱晓晟老师还初次进行了公开课的展示，得到了众多老师的好评。由于之前目标的制定比较模糊，比如让学生了解三贤、谈谈对三贤的启示等，这样的目标对学生而言，很宽泛又很空洞，因此如何突破原有的1.0版本，是我们一直在探索的。因此，对原有的课程开发进行深化，辅助以可视化的资料呈现，紧接着，进行了"我和三贤有约"这一内容的开发。"我和三贤有约"涵盖了较多的内容，包括：我给三贤写一封信、我为三贤代言等。具体的实施就是把自己这段时间来对三贤的感想用信的形式呈现给他们，同时，对于三贤的经典佳句进行硬笔与软笔的创作，有书法基础的进行书法创作，其他的摘抄佳句。这样循序渐进的课程开发，让学生有了不少收获。这是印象比较深的一个开发过程。

课程开发的落脚点在于学生，只有学生喜欢的、愿意去实践的才是符合学生认知的，因此我们深知一定要站在学生的角度去开发。我们把课堂主动权还给学生，专门抽出时间让他们提出问题，交流探讨，从他们的言行中筛选出我们所要达成的课程目标。把这样的权力交给学生后，出乎我们的意料，我们发现，学生在课堂上能提出具体的问题，比如，顾炎武作为昆山三贤的典范，其贤者风范体现在哪里？这样的风范对我们的生活学习具体的帮助是什么？诸如此类的问题。学生会思考了，因此，我们在对学生充分了解的基础上进行课程的开发，这样一来，课程更能够走进学生的内心了，让三贤课程真正体现活动课程的价值。知道学生的内心需求后，对我们的课程开发起到了事半功倍的效果。在接下来的课堂上，比如我们通过一张张精美的水乡古韵图，带领学生穿越历史的长廊，与"既为经师，又为人师"的顾炎武老先生为友，走进他的精神世界。通过小组合作，以趣味魔盒的形式，随机抽签，选取关于顾炎武的思想精神要领，让老师穿针引线，让学生成为课堂真正的主人，充分发挥孩子的主导作用，让孩子们说出他们眼中不为人知的顾炎武。同时，通过拾取顾炎武老先生的妙言慧语，以学生为中心，让孩子作为课程的主讲人，融入生活，分享他们独到的见解。最后，作为课程各类活动的整合环节，以"召开发布会"的形式，邀请孩子们八仙过海，各显神通，用书法、用绘画、用智慧的激辩、用深情的诵读等来向我们展现一个丰满的人物——顾炎武。让孩子们明白，作为炎武思想坚定的传承者，我们培小也是时刻继承与发扬炎武光辉，他的思想精髓深入培小师生的心中，也融入培小学子的日常——我们培小的日知园正是得名于顾炎武先生的恢宏巨著《日知录》。作为我们培小学子既是幸福的又是幸运的，因为我们始终与巨人并肩前行。小到我们的培小将亭林先生顾炎武的思想内化于心，外化于行。但我们的祖国又何尝不是这样？炎武的思想已经根植在我们中华文化之中，永垂不朽！通过这样丰富多彩的有效设计，无论是对课程目标还是对课程内容实施而言，开发得更深入了，在原有1.0版本的基础上逐渐开发到课程的3.0版本。这样的变化，受益的是学生！

但是作为课程开发的老师，我们所起到的作用应该是带领学生们厚积而薄发，带领孩子们由量的积累走向质的改变。三贤思想给予孩子们的应该仅仅是思想精神的熏陶，而孩子们在通过了解三贤日月经天、江河行地的伟大一生的同时，应该自主萌发自我意识的改变与发展，以顾炎武强烈的爱国主义精神、归有光高度的社会责任感、朱柏庐高尚的道德人格风范和脚踏实地的学风践行着他们自己的"贤者风范"，是我们需要思考的。同时，如何从课内走向课外，去近距离感受触摸身边的三贤事、三贤人，三贤的点点滴滴，是我们今后课程需要考虑的，也是实践的方向。

（何　超）

创意童诗　童心似花

　　法国著名的儿童心理学家卢梭说过："儿童有他独特的看法、想法和感情。如果用我们的看法、想法和感情去代替他们的看法、想法和感情，那是最愚蠢的。"学生作为一个个性鲜明的生命个体，总是带着自己已有的知识、经验和情感来接触新的阅读文本，他们的阅读个性是客观存在的。正所谓："世上没有两片完全相同的树叶。一千个读者，就有一千个哈姆雷特。"由此想来，一千个学生也有一千个创作个性，因为他们是独立思考的个体。

　　基于这样的认知，我在进行童诗教学时，并不过多地限制，当然也不是说让学生随意、毫无章法地写，我只是做适当点拨，注重保护孩子的奇思妙想。在开展第一次活动时，我为孩子准备了阅读材料《致老鼠》《爸爸的鼾声》两首儿童诗。孩子读完了，都发自内心地笑起来。当然在笑之余也欣赏到小作者的文采，无不佩服。于是我就顺势激发学生创作的欲望，说："人人都可以创作，人人都是创作之花。"我们的生活处处有诗歌，只要我们有一颗童心，大胆想象，锤炼语言，就可以写出像《致老鼠》和《爸爸的鼾声》那样有趣的童诗。随后，我们共同归纳出儿童诗的一些特点，如生动有趣、大胆想象、构思巧妙、单句成行等。最后，我又补充几首贴近儿童生活的诗歌《交通警察》《皱纹》《湖畔之梦》让学生欣赏，有了层层深入的铺垫，学生创作儿童诗的欲望达到了最高点，相信也不难创作出属于他们的原创诗。

　　在我的"一声令下"，孩子们已迫不及待地下笔。我立即说："孩子，今天我们就来个'写诗达人秀'，敞开你的心扉，写出你的真情实感，写出一首属于自己的诗歌！"我边走边观察，发现有几位学生抓耳挠腮也写不出来。当时我有些着急，但仔细一想，哪个班没有学习的后进生呢？这节课是课程开展的开篇课，我不是在培养诗人，而是培养学生的写诗兴趣。我国是一个诗的国度，让学生喜爱读诗、赏诗并迁移到写诗。我要用宽容的态度，以鼓励的方式给予他们写作的动力。

于是我走到个别学生身边，摸摸他们的脑袋，贴在他们耳边说："孩子，请大胆去想象吧，写你喜欢的事物，写出你心中所想。老师支持你！"这番话激发了他们的自信心，他们听了之后也拿起笔饶有兴致地写了起来。时间过得真快，写作成果出炉了。晨曦同学的《致榴梿》是这样写的：

我身为一只水果，

我搞不明白，

为什么有人对我恨之入骨，

为什么有人对我爱不释手？

当我剥下衣服时，

可以做成香喷喷的蛋糕，

可以做成甘甜可口的果汁，

好吃极了！

你不信？

我脱去外套给你瞧，

呀！

真臭！

是你打翻了便盆吗？

我把这首小诗在班上投影出来，让学生欣赏并进行修改。他们读了诗，都笑出声来，多么有趣、搞笑的一首诗啊！我马上对学生说："好文章是修改出来的，你们能当小老师，帮她的忙吗？"顿时，学生欢呼雀跃，争先恐后地举手发言。有的学生说："既然题目叫'致榴梿'，就应该把'我'改成'你'。"有的学生说："把'一只水果'改为'一种热带水果'用词更为准确。"最后孩子们把诗修改为：

> 你身为一种热带水果，
>
> 有着你的追随者。
>
> 但我弄不明白，
>
> 为什么有的人对你爱不释手？
>
> 为什么有的人对你恨之入骨？
>
> 当你剥下衣服时，
>
> 可以做成香喷喷的蛋糕，
>
> 可以做成香甜可口的糖果，
>
> 美味极了！
>
> 谁不信？
>
> 你就脱去外套给人们瞧瞧，
>
> 呀！
>
> 真臭！
>
> 是它打翻了便盆吗？
>
> 哟！
>
> 真香！
>
> 是它弄倒了香囊吧？

学生在互评互改的过程中其乐融融，每位学生都乐于出谋划策。还有思佳同学写的《假如我是大树》：假如我是大树，我会带给人们风扇，带给人们快乐，雄鹰愿与我做朋友。听，小溪给我唱歌。看，微风与我捉迷藏。瞧，调皮的猴子，在我头上快乐地跳舞。可爱的小鸟，叽叽喳喳在谈些什么呢？我猜你们津津乐道的，是飞行中看到的好风景。又如瑞瑞同学写的《小马的梦想》：小马，小马，你在干吗？快跟我来，一起实现你的梦想！我们先去大草原！和风比赛跑，跟牛比吃草，和人们一起欢笑。再到美丽的海洋里！坐上潜水艇，看可爱的鱼儿，和大鲨鱼一起玩耍。来到天空上，呀！你变成了一匹飞马！和鸟儿一起飞翔，和云朵一起画画！

他们写的诗虽然称不上是绝佳，但是真真切切道出了儿童所想、所向往的方面。因为如果以老师的理解去指导孩子写诗，必将抹杀孩子的创作个性。孩子毕竟是孩子，写的语言基调是稚嫩、纯朴、天真的。基于这一点，教师就必须尊重学生的独特感受。在写作过程中，老师要多俯下身来，无论是一个小小的举动，还是一声鼓励的话语，对于学生来说都是前进的动力。一节课下来，让学生真正成为写作的主人，享受写作的乐趣，培养精神，彰显个性。课后学生们还常常拿着自己写的小诗给老师欣赏，借着这股势头，我在社团里发布了一个振奋人心的消息：本学期我们要打造一本专属于自己的原创诗集，大家自己制作、设计、排版，没有任何限定，全凭个人喜好。听了这则消息，孩子们越发激动，迫不及待要着手进行了。

这一节课给我带来了快乐，也带来了思考。正如有经验的老师说："好的孩子是夸出来的。"莎士比亚也说过："赞美是照在心灵上的阳光。"这节课中，我试着给了学生更多的发言权，还给予学生相互点评、修改的机会。通过生生互动、师生互动，学生带着自己的看法，对同学的习作提出意见，这样就给予了他们在反思中提升的空间，让他们享受到发表不同意见的乐趣，使思维最大限度地活跃起来，促进了学生创造力的发挥，促使他们形成自己的见解和观点，彰显儿童的个性。或许，这就是PBL项目推进中我要时时提醒自己的地方，让学生自主地去做，自发地想要去做，而不是老师推着学生向前走。

总的来说，人人都可以创造，天天都可以创造，时时都可以创造。小孩的想象力是一颗奇妙的种子，如果我们的教育能创设一个宽松的、优质的、适合其生长的环境，并悉心地、科学地对其加以培养，相信这颗种子必将健康地、有个性地成长。

（教案设计者：童欣瑶）

"厕所文明"路在何方？

祖国越来越强大，这不仅体现在经济上，还体现在我们的教育上。如今的教育，一改之前传统的模式，老师讲，学生听，现在更多的是注重自主学习能力的培养。因而，"课程"这一理念被慢慢放大，为的是让学生得到更好的教育。

在这种教育环境下，我们学校也跟紧了步伐，开发了诸多课程。而我，则被安排了其中一个课程——厕所文化。刚看到这个课程的时候，我很蒙——厕所文化？厕所这东西，他们会不会不愿意来我的课程？学生能接受我的课堂吗？伴随着这些顾虑，我失眠了……

第二天醒来，我的脑海中突然闪过了一个想法：要不我先把这课程的题目改一下，让学生容易接受些？只有他们愿意来我的课程，我才能有机会让他们接受文化的熏陶。因此，我想了很多题目："厕所那些事""意外的文化""我的厕化"……好像没有一个让人中意。突然，我灵机一闪，"厕所"这两个字的首字母是"CS"，这是一个游戏的名字，应该能让学生们感兴趣吧！同时，我在"CS文化"和"走进CS"之间进行了斟酌，最终还是敲定课程题目为"走进CS"，可能觉得它略带些幽默。

就这样，在我把课程题目放在课程栏目中让学生选择时，一点也没有吃亏，反而很多同学选择了我这个课程，或许是跟游戏扯上点边的题目起了作用。我们按部就班地完成了课程成员的招募，第一堂课也很快就到来了。

第一堂课我早早地来到了教室，琢磨着如何跟他们解释这门课程。正在我想得出神时，听到了几位同学奔跑的脚步声，嘴里还发出了欢快的尖叫声。我在那窃喜：看来我这个课程的题目起得真不错，学生都很感兴趣啊！果不其然，他们一个接一个地跑进了教室，个个脸上布满了喜悦。我逐个给他们安排好了座位，等学员都到齐之后，宣布开始上课。这时，我听到一个声音："老师，CS是不是打枪的那个游戏，要带我们去打真人CS吗？"我笑着回答道："当然——不是！你们猜猜看CS是什么？"大家你争我抢地猜着，但跟预想中的一样，没有一个猜对的。这时，我笑着跟他们讲道："我们这课程'走进CS'中的'CS'是两个字的首字母简称，指的是'厕所'，'走进CS'其实就是'走进厕所'！"听到我的回答后，孩子们的反应在我预料之中，每个人脸上都写着两个字：嫌弃！接着他们提出了疑问："老师！走进厕所的意思，难道我们要在厕所里上课吗？"我开玩笑道："如果你愿意，那也是可以的。"又马上又补充了一句："我们的课程是'走进CS'，不是真的走到厕所里去，而是从内心出发，深入地去了解厕所中的文化，感受它的底蕴。"孩子们听完我的话后，好像懂了，又好像很迷茫，就这样，我们的课程开始了。

随着课程的进展，孩子们对厕所有了全新的认识，慢慢地，他们从原先的嫌弃厕所，变成了开始对厕所产生好奇。当他们再次谈论到"厕所"时，不再会一脸嫌弃。这是一件很直观的事，记得我们班级的小陈同学是参加我的"走进CS"课程的一员。刚开始，当同学们听到他参加的课程是"走进厕所"时，都不约而同地发出了讥笑声，小陈同学也会很不好意思地避开他们。但是突然有一天，我发现这种讥笑声没有了，换来的却是对小陈同学羡慕的眼光。我把小陈喊到边上，问了他原因。他跟我讲："老师，这就是你课程的魅力呀！一开始同学们会笑是因为'厕所'给人的感觉就是脏，当然，开始我也这么觉得。"缓了下，他又说道："但是，自从上了您的课程之后，我发现厕所其实并不是我们想象中的那样。古今中外，厕所都代表着一个时代或者是一个国家的文明程度，越是发展好的国家，它们的厕所也随之发展得越好。我跟那些发出讥笑的同学讲了关于厕所的发展和不同国家厕所的文化，告诉他们厕所其实不仅仅是方便的地方，它的发展往往映射着一个国家的国民素质。"讲得入神时，小陈突然笑了出来："当然，最重要的是我们不用整天待在教室里听理论，而能走出教室，到厕所文化研究基地去实地考察，从实践中感受文化的魅力。其他同学自然羡慕。"听了小陈的话后，我很欣慰，他刚来我课程的时候，也是对厕所很嫌弃的。现在不但改变了自己的看法，还能将课上学到的知识传达给其他同学，宣扬厕所文化。

我想，关于我在"走进CS"课程的收获就是我的学生对厕所的看法改变了，至少他们知道了"厕所文化"这个词，而不光光是"厕所"。

（杨伟杰）

小培娃有了新农场

每每回老家，看到老屋旁那条波光粼粼的小河，童年爬树、摘桑葚、插秧、种瓜果、喂猪羊的美好回忆便扑面而来，在我心中荡起一圈圈涟漪。与大自然亲近的快乐生活，至今仍让我回味无穷。

我的童年，是快乐的，是自由自在的，也是轻松愉悦的，虽然没有很多的补习班也没有很多的电子产品，但依然觉得充实，学到的知识也不少。春耕时节，跟着大人一起下田干活，一手拿着铁锹用力地刨坑，一手把果蔬的种子轻轻地撒入坑中，再小心翼翼地用铁锹把土拨到坑上盖好，敲几下盖严实，最后再挨个儿浇水，必须多浇点水，让种子泥土一次喝个饱才行，接下来就是耐心地浇灌和漫长地等待了。一得空，我就会跑到田地里看看我的小宝贝们发芽了没有，时不时地还要浇水、除草、捉虫，累着呢！可是，夏天，当它们成熟了，摘下来和家人一起品尝时，却又觉得香甜无比。

反观现在的孩子们，天天除了补习班就是兴趣班，要么就是电脑、手机、iPad，文化知识没长多少，视力却下降了不少，成绩没提高几分，脾气却大了很多。更多的孩子是四肢不勤，五谷不分，对生活中很多常见的农作物了解匮乏，挑食、浪费粮食的孩子比比皆是。每次课堂上遇到与各类农作物相关的知识，一问都是三不知，即使给孩子们看了一些图片或者视频，也是走马观花，走个过场而已，真正了解的孩子少之又少。食堂里，不少明明是生活中常见的蔬菜，孩子们也都不认识，更加不愿意去尝尝味道，直接倒掉，"谁知盘中餐，粒粒皆辛苦"人人倒背如流，但是真正愿意去做的孩子又是凤毛麟角。当你苦口婆心地去教育他们时，他们也只是很不走心地附和一下，这样的教育是苍白无力的，因为孩子们没有切身体验过农民的艰辛，无法真正地做到感同身受，那他们又怎么可能去敬畏粮食、尊重农民的劳动成果呢？如何实现有效的教育，这真的挺难的！

这不，机会来了！

我校本着"让每个生命蓬勃生长"的办学理念，构建和实施了基于儿童立场、以"培养本真+灵动的未来公民"为目标的本道课程，在此基础上构建的"本道课程树"体系丰富多彩，涵盖科学、生活、文学、艺术等各个方面。而我针对本班孩子对农作物认识匮乏、浪费粮食情况较为严重的现象，抓住这样的契机，开设了"小培农场"课程。

"小培农场"课程成员招募时，便遭遇了寒潮。我兴高采烈地跟孩子们介绍了一下我们社团，并满怀期待地问："哪些同学愿意报名？请举手吧！"结果，孩子们你看看我，我看看你，就是不举手。场面一度很尴尬，我再三询问，依然如此。无奈之下，我只好抽签选人，公布入选人员时，话音刚落，G马上拍案而起，哀号道："苍天啊，为什么会抽到我！我才不要去呢！这不就是去种田嘛！实在是太low了！"其他孩子也纷纷附和，表示不太愿意去。学生参与度不高，没兴趣怎么办？有了，我给他们讲点他们没经历过的稀罕事儿不就行了！于是，我给他们讲了我小时候种瓜果、插秧、斗蚂蚁的趣事，听得他们眼里直冒小星星，于是，20个成员"骗"到手了！毕竟四年级学生对周围世界一直充满好奇心与求知欲，也热衷于实践研究，只是除了课堂教学上的探究活动外，学生平时很少有动手操作的机会。"小培农场"课程让学生亲近大自然、了解大自然，在参与小麦种植的过程中，锻炼自己的劳动能力，感受劳动的快乐及每个生物生长的神奇。

虽然有小时候种植的一些小经验，但毕竟年代久远，而且那会儿也多是帮大人打打下手而已，幸好学校非常重视学生实践体验课程的开发与实施，为我们提供了较为完善的课程实施环境和保障条件（专门开辟了一处地方作为"小培农场"活动基地），又有昆山市农业技术推广中心与我们联合开展本课程活动，每周安排一位专业技术人员进行现场指导。这为我们课程的顺利实施打下了坚实的基础。

从了解小麦发展史、种植小技巧到亲自下地翻土、种植、浇水、除草、捉虫，每次活动学生们都非常积极、肯吃苦，其间每到一个生长阶段都会让学生们观察生长特点，做好观察笔记，制作小麦生长日记。每一次体验，孩子们都有不同的感受与收获，有的孩子边擦汗边感叹农民伯伯实在是太辛苦了，种点粮食不容易，以后不能再浪费粮食了；有的孩子觉得自己该好好学习知识，设计出更多先进的工具来进行科学耕种，减轻农民伯伯的劳作负担；也有的孩子每次看到小麦长高一点儿就欢呼雀跃，感叹生命生长的神奇等。"是的，其实，不只是农民伯伯这么辛苦，各行各业的每个劳动者都很辛苦，他们每个人都值得我们尊重，他们的劳动成果都应该得到我们的珍惜！"当我顺势说出这句话时，孩子们都郑重地点了点头，表示赞同。

最后到了收获的季节，因为我们时间和精力有限，也是在校园当中，没能给小麦多多施肥，结果很多麦穗都是瘪的，即使有麦粒也都比较小，不少孩子都通过查阅资料、询问农技员叔叔的方法来思考以后的种植过程中该如何提高小麦产量。

我想，这样的课程体验不需要太多的语言，只需要让他们自己亲自去实践，也能学到很多知识，并且可以激发他们自主思考、主动探究的积极性，这比我们老师苦口婆心的教育效果显著多了。

"小培农场"校本课程在收获小麦的时候短暂结束，但是学生们对劳动的快乐体验、自主思考、主动探究的热情却不会消失。孩子们收获颇多，于我而言，也是一次深刻的学习，在以后的教育教学中，多设计一些实践体验活动让学生自己去感受、去发现、去思考、去收获。也许以后他们会忘记我这个老师，但是我相信他们永远不会忘记这段独特记忆。

（教案设计者：李　慧）

本道HAPPY城堡里的逸事

美，暖人心

德智体美劳全面发展是我们一直努力的方向，而其中的"美"，它包含了外在美与内在美，外在美能够满足视觉享受，内在美能够温暖人心。

那是一节琵琶社团课，因为临近表演，我们团所有成员都在紧锣密鼓地进行彩排，确保我们的节目能完美地呈现在观众眼前。

由于我缺了一节社团课，有些动作做得并不标准。当课间休息时，别的团员都在一旁开心地谈笑、打闹，我却没心思加入她们的阵营，怕因动作不熟练拖大家的后腿，于是我独自一个人坐在角落里练习动作。这时，小怡悄悄地走了过来，轻声问道："需要帮忙吗？"我就像一个落水之人突然抓住了一根"救命稻草"，急忙答道："我有些动作不熟练，你帮我指导一下吧！"她也非常爽快地答应了。

就这样，她放弃了自己的休息时间，陪在我的身边，耐心地教我动作，每一个动作都为我分解演示一遍，她每做一遍动作，我也照做一遍，她的动作非常标准，让我看得入迷。有时我做得不到位，她会抓着我的手，带着我一起做，让我清楚哪里有问题。有时一个动作她要做好几次，我才能学会，但她始终微笑着说："嗯，有进步哦！"看不出一点不耐烦。

在她的耐心帮助下，我的动作越来越熟练，从动作僵硬，变得柔美起来。我非常感谢小怡的帮助，她却说："不用客气，陪着你练习动作，我自己也加深一遍印象。大家的动作好一分，我们的表演就好一分。"在表演前，我又抽空把所有动作给她演示了一遍，她惊喜地称赞道："你做的动作好极了，真美！"我心想：小怡，你有一颗美的心，还有一双发现美的眼睛，我能有这么大的进步，你的功劳最大。

这，大概就是内在美，温暖人心的美吧。

六（2）班　程琬怡

美术节里的"美"

美的解释有很多种：外在美、品德美好……美，就在我们身边，等着懂它的人发现。

去年学校举办的美术节，恰恰就诠释了这个"美"的字眼。接下来，让我们慢慢回忆感受独属于这个节日的美。

外在美——瞧！那不是学校的"梦鹰合唱团"嘛，只见他们个个身着宝蓝色礼服，脸上画着清丽淡雅的妆容，安安静静地坐在后台，挺直了腰杆，多么像一只只优雅的白天鹅。见到有老师来了，他们便微微起身，恭敬地对老师打招呼。不久后合唱团的指导老师来了，同学们停下手中的一切，鼓起浑身的干劲来进行排练。哦！那就不打扰他们了，让我们把目光投向二年级吧！

歌舞美——"接下来，让我们用热烈的掌声欢迎二年级全体同学的歌舞表演"，主持人嘹亮的声音响起，一只只"花蝴蝶"提着漂亮的裙子蹦蹦跳跳地上来了。随着伴奏乐声入耳，同学们个个舒展着身子，跳着轻灵活泼的舞步；手上的花球循着节拍有规律地舞动着，脑后的辫子俏皮地飞舞着。你看，那个扎着麻花辫的小女孩跳起舞来可认真呢，只见她的手臂上下挥舞，裙子后的蝴蝶结也随之摇动起来；两只小脚一踢一踏显得十分有活力。忽然，音乐停止了，随后迎来了童声清唱"啦啦啦啦——"清澈悦耳又伴着稚嫩的童音如同清脆的风铃声，仿佛把我们带入了梦境一般。

品德美——不知不觉，时针指向三点，美术节结束了。各个班级的同学们都搬好椅子并有序地离开操场。看那，好几个男生在搬好自己椅子的同时，还主动帮班里力气小的女生搬，有些力气大的男生甚至一人扛下好几个椅子。回班的队伍排得整整齐齐，没有一个人在队伍中扰乱秩序。咦？那边怎么还有人？原来是我们班的人呀，由于这次活动有部分班级使用了彩带，地上到处都是残留下来的碎屑，尽管时值6月，但气温还是蛮高的，可我们仍然愿意留下来打扫。因为操场实在太大了，我们几个分了工，我和几个女生去清理操场正中间；徐炜杰带着几个个子小的同学去扫边边角角；黄峻浩和剩下了的同学去清理跑道。碎屑比较轻，容易被风吹跑，很难迅速清理完工，但我们还是不怕困难地把它们统统扫完。你看，付宇轩虽然个子不高，但效率却出奇的高，只见他卖力地挥动着扫把，把一堆又一堆的碎屑清理干净，瞬间他负责的区域就变得干干净净了，忙完了自己的又连忙去帮别人清理。就这样，我们几个同学互帮互助终于清理完成。尽管我们在打扫过程中个个都是大汗淋漓，但望着干干净净的操场，我们却无比开心。

世上有千万种美，样样精彩，样样惹人注目。罗曼·罗兰曾经说过："世界上从不缺少美，而是缺少发现美的眼睛。"让我们拥有一双发现美的眼睛，去发现身边的美，感受身边的美吧！

六（2）班 张元嘉

传　神

我国著名记者和出版家邹韬奋先生曾说："所谓自觉心，简言之即自觉有何长处，便当极力保存而更发扬光大，自觉有何短处，便当极力避免而更发奋有为。"意思是激励我们要扬长避短，奋发有为。

我的长处是专注于兴趣爱好。我从5岁开始学习画画，至今风雨无阻从不间断。曾经羡慕别的小朋友节假日游山玩水亲近大自然，羡慕别的小朋友玩游戏和看动画片，羡慕别的小朋友自由自在的欢乐时光。但是我抵制住了诱惑，沉醉于自己画画取得的点滴进步，沉醉于参加比赛站上领奖台，沉醉于指导老师的表扬和激励。随着时间的推移，我从当初的被动抗拒到发自内心地喜欢，我从刚开始学习简笔画和动漫，到现在学习素描，难度也在逐步增加。如今，画画已经成为我生活不可分割的一部分，我要用画笔描绘出属于自己的色彩斑斓的童年生活。

于是，在转学到培本小学之际，我抓住机会在开学时报名了美术社团。社团的第一堂课上，美术程老师告诉了我们一些社团活动时的纪律要求，然后布置了第一项作业——画自画像。画人可难不倒我，毕竟从简笔画和动漫，到现在学习的素描，我都很精通，于是我开始胸有成竹地画起来。可是，等到结果出来后，我只拿了优星，而有些同学却拿到了优双星，甚至优三星，我的心里失落极了。

一向胆小的我，在下课后鼓足勇气找到了程老师点评，程老师说："人画得不错，画工很好，但是不够传神。"

"传神？"我不是很明白，老师让我自己再想一想。

我又把它拿回家给妈妈看，妈妈说："你画得很好，可是自画像讲究精髓，要抓住自己的特质，把它大胆而幽默地画出来，你画得太中规中矩了，就不那么有趣。"我好像有些明白了，这就是老师说的"传神"。

我一直是一个胆小内向的女孩子，所以虽然画画很好，却缺少一些活跃的想象力，有时候我也很羡慕那些充满想象力的同学。我借了一位得到优三星的同学的画，画工很粗糙，但是特别好笑，对比他的脸一起看，连我都情不自禁地笑了起来。看来，每个人都不容小觑啊！

找到问题所在，我立刻重获信心。今后，我要继续保持专注兴趣爱好的长处，永不停止学习绘画的步伐，争取在绘画上取得更大的成绩。

五（3）班　苏理懿

我的诗词缘

我是一个很喜欢画画的女孩儿，从小到大，从简笔画到素描，不知道画过几百张了，画作垒起来能和我一样高。于是，在本学期选社团时，我不假思索地填报了美术社团。

第二天，朱老师找到我谈话："周子轩，这学期学校为高年级的同学新增了诗词大会社团，参加社团的同学有机会通过选拔参与明年的昆山市中小学诗词大会，你想去吗？"诗词大会，我知道，作为诗词迷的爸爸领着我看过好几次，我也很爱看，可我更爱画画呀。我有点犹豫，吞吞吐吐地说："老师，我……"

"老师知道，你很喜欢画画，以往的几个学期你总是选择美术社团，今年老师希望你能尝试一些新课程。你的文学天赋很高，记忆力又好，如果能参加比赛是个不错的机会。"

"好吧。"我只能答应，不过转念一想，诗词确实也是我的兴趣，而且能参加比赛的话岂不是很风光吗？虽然我知道压力也很大。

在社团开始之前，我一直以为诗词大会社团就是不停地背诗，一定很费脑筋又很累。可是，当我从第一堂社团课慢慢上起时，我才知道原来学诗词也能这么有趣。老师从诗词的多种归类讲到诗词的风格基调，再到诗词中的意象，又讲了许多诗词背后有趣的故事，既有趣又能让我学到丰富的知识。在这里我学到了送别诗、怀古诗、闺怨诗、喻理诗……明白了鸿雁意指家书，折柳表惜别……也学会了背诵《爱莲说》《陋室铭》等。越来越丰富的知识让我能够在课堂上学习诗词时更好地理解，回答一些同学们都回答不上来的问题，这让我非常骄傲。

在社团的最后几节课上，老师为我们召开了一次诗词大比拼，同学们在比赛中真是八仙过海，各显神通，我终于明白爸爸常说的"人外有人，天外有天"是什么意思了。可是，有些同学抽到的题目很简单，我都能答上来，到我们队的时候，却是一道很难的课外题，我有些不服气，就向老师提出了意见。朱老师笑着回答我："运气也是实力的一部分，这是真正比赛的常态。"是啊，老师说得太有道理了，一针见血。我正佩服的时候，只听老师又说："不过，实力真正强的同学是不会害怕运气不好的。"

我不由得更佩服老师了，看来我的目标就是——成为不会害怕运气不好的人。

五（3）班　周子轩

喜欢周二的理由

每到周二，我都格外兴奋——我们要上社团课啦！我报的是体育，但是这节社团课，却成了我们的"噩梦"，我永远忘不了！

"丁零零"上课了，我们体育社团的学生陆陆续续地来到了操场。我们被分为两个组：刘老师组和徐老师组，我在徐老师组。"集合了！开始热身！"随着刘老师的一声令下，我们整齐地排成一队，开始热身跑。热身跑结束后，我们就开始做准备活动，一开始还高高兴兴的，直到徐老师拿出了秒表和本子，我们组组员的脸色就变得死气沉沉了。

准备活动做完后，该去换钉鞋了，我们无奈地走向宿舍楼，慢吞吞地把钉鞋换好，不情愿地来到操场。徐老师反倒很开心，微笑着朝我们走来，我的心脏"怦怦"跳得很快。"今天我们跑300米，这是我们第一次跑300米，所以给大家轻松点，两个！"听到这儿，我心里暗自窃喜：反正才两个，不要害怕，加油！谁知，徐老师又补充道："但是，我是有要求的！第一个用尽全力跑，第二个就不计时，如果……"我听了，吓得浑身一抖。

准备跑300米了，我被分到和男生跑。"预备——"我的心跳得很快，"跑！"我就像离弦的箭一样"飞"了出去，一马当先，跑完第一圈时，我还有力气，可跑到第二圈，我已经没有多少力气了，眼看其他人就要追上来了，徐老师和同学们一起喊："王映丹，加油啊！"听到这句话，我感觉力气又回来了，我用力地让手臂加大幅度摆，腿加大幅度迈，眼看胜利就在眼前，谁知丁兆亿居然会在最后关头加速。最后，我拿了第二名，用时"47秒21"，所以第二个不用计时了。

这节社团课让我无法忘怀，如果可以再上一节这样的课，我相信我会做得更好！

六（11）班　王映丹

阅读能当"头"

智慧，是每个人的财富。那么，怎样才能拥有更多的智慧呢？高尔基说过："书是人类进步的阶梯。"没错，想要进步，就需要智慧；想要拥有更多的智慧，就需要阅读。

近来，学校开展了一个名叫"文学社"的社团活动。有一天，老师为我们推荐了一本绘本——《凯文不会飞》。

老师为我们介绍道："凯文是这本绘本的主人公，是一只燕八哥。燕八哥还有一个名字——流氓鸟。因为它们会把鸟蛋产在其他鸟的窝里，让它们帮它孵蛋，所以，凯文有许许多多兄弟姐妹。而在众多小燕八哥中，凯文是最特别的一只。为什么呢？请同学们仔细读一读。"

社团课的同学们一个个迫不及待、声情并茂地朗读起来：

"凯文有一大群兄弟姐妹，3个哥哥、4个妹妹和67432个亲戚……"

"别的小燕八哥发现了虫子、水、小草，而凯文却发现了一本书。它天天在图书馆看书，到头来学问做了不少，却不会飞。其他小八哥都叫它'书呆子'。"

在同学们的读书声中，我的思绪也跟着飘得很远、很远。

"当第一片黄叶落下，它们就要迁徙了，可凯文，还是不会飞。它原以为自己会孤零零地留下来，但是它的兄弟姐妹们并没有抛下它，而是找来绳子，把凯文绑了起来，用嘴叼着绳子，带着凯文往南飞。

它们飞啊飞，忽然，凯文嗅到了危险的气息，它发现了飓风，急急忙忙让鸟群躲避到一个山洞里面。

呼呼……呼呼……外面狂风呼啸，飞沙走石，不远处的村庄毁于一旦。

太阳出来了，凯文成功帮助鸟群脱离了危险。鸟儿们十分高兴，为凯文举行了庆功宴。凯文也很高兴，自己终于也能够帮到大家。它跳着跳着，忽然，它飞了起来！凯文会飞了！

不久后，鸟群继续南飞，相同的鸟，相同的队形，不同的是，凯文是鸟群的头，飞在第一位！"

同学们个个若有所思，意犹未尽。

多么有趣的故事！在现实生活中，我们应该向凯文学习，多看书，积累丰富的知识，这样才能在"危急时刻"帮助自己也帮助他人。虽然凯文自始至终都没有像其他燕八哥一样学习飞行，但是它的知识早已为它插上了更加有力的翅膀！

让我们多阅读，丰满自己智慧的羽翼，在天空中自由翱翔！

六（1）班 王馨雅

智慧的"长头发"

不知不觉，又到了每周二我最期待的社团课时间了。与往常不同，平时都是空手走进教室的钱老师，今天却捧着一本书进了班级。

"同学们，今天，我们不讲写作，我们来'吹牛'！"我们异口同声地问道："什么? 吹牛? ""没错，今天我们就接着这本书，来帮里面的主人公吹—吹牛。"

钱老师打开书本，开始读了起来："小叶和小美都留着长头发，她俩美得不行，"她指了指旁边的小女孩，又讲道，"小真呢，留的却是短短的妹妹头。"

"小叶和小美说：'我们的头发还能长长呢。'"

"'哼，我的还能长更长呢！'小真说，'能长多长? '"

"'老长老长老长……说起那个长来啊……'"老师忽然停了下来，"同学们，你们觉得小真的头发能长多长呢？一起来帮她接着吹一吹牛吧。"问题一出，整个班里便沸腾了起来，到处七嘴八舌的。

"小真的头发肯定长得老长了，长到可以用头发做鱼钩钓鱼呢！"一位男生自信地"吹"道。

"说不定晚上睡觉还能把头发卷起来，当被子盖呢！"我说。

同学们的"牛"吹得天马行空，有的说小真的头发像波浪一样长，有的说它比天空还要宽，甚至还有的觉得比宇宙还要宽呢！其实，这节课的目的并不在比谁"吹牛"吹得好，其实是在开发同学们的想象力，让同学们知道不要"死读书"，真是有趣啊！

六（1）班 倪佳怡

真课堂内外

"作"业风波

大家都说，我们学生最需要的就是独立思考的能力。这不，今天课堂里又发生了一件"作"业风波。

那是一节语文课，老师正让我们与同桌交换，批回家作业的试卷。批完后，忽然，讲台下传来了几句对话："等等，这个难道不是③吗？""不是啊，标准答案就是①……"噢，应该是前面的一对同桌对词语的理解有歧义吧？"你想呀，'日出而作'，'作'的是什么？农务嘛！这不也是'从事'的意思吗？"男生有自己的理解，说得有理有据。女生却并不太服气，"'起'，就是'开始'，放到解释里，'开始做农活'不也是正确的吗？"对了，老师报的是①，我写了③，被批了错，仔细一想，难道还有"局势逆转"的可能？我看了看旁边的一群同学，明显支持女生的人数多得多，但男生又思考一番后，并不打算放弃自己的想法。

这时，老师听到了他们的对话，抬起头示意他们先安静，然后走了过去。"老师，我对这道题有异议！'日出而作'的'作'，应该是'开始做某事'的意思吧？这样解释，会不会更通？""这是标准答案……"旁边有同学再次小声提醒。"我知道，但是我自己思考了一下，还是决定问问老师！……""这个啊，看看字典就知道了。"不一会儿，一个同学举起了手："老师，我查到了！"老师接过字典，说道："这里的'作'应解释为'起'，意思是'兴起'，所以选①是对的。""啊，原来如此！"男生挠了挠头，看起来有些不好意思。"不过，你能够进行独立思考，不人云亦云，这还是很可贵的。也希望你可以保持这种对学习的态度！""谢……谢谢老师！哈哈哈……"

是啊，这就是真正"聪明"的同学啊！尽管大家都与他意见不同，但他坚持自己的想法，通过自己的理解勇敢地提出疑问，这又怎么不配被我们称赞呢？

六（1）班　侯悦琳

下课时的谈话

美，一种抽象的概念，看不见、摸不着，但它总感动着身边的人，一点，一点。

一个黄昏，音乐课下，我的音乐老师冯老师正在耐心地指导我。因为我在唱歌时舌头一直有点后吞，并且这个问题也困扰了我许久，所以老师想帮我解决这个问题。她先是为我讲解了我的病根所在，也让我唱歌时不要紧张，不用过于不自信。之后，老师向我讲授解决问题的办法：每天把舌头往下巴的方向伸，并且舌头不能碰触牙齿，坚持下去，总会有所好转。她讲得是那么认真，以至于我都沉醉其中。她自己在讲好后总会向我演示一遍，再让我跟着做一遍，然后帮我纠正我做错的地方。当上课铃声响起，我有些不舍，因为我觉得错过了许多知识。

冯老师经常会这样教导我，这短短下课10分钟，总能带给我许多启示，促进我的成长，她用自己的学识来认真培育我。

在这短短的一学期，短短的几节下课间隙，因为冯老师，我纠正了舌头的后吞问题，解决了声音有些虚的问题，改善了唱歌时气息短的问题……

我感谢冯老师，因为她是在牺牲自己的时间教导我，或许只是短短的下课10分钟，却对我意义重大。

人美，不在外，而在内；不在表，而在里，是心中的一股信念。

六（2）班　黄峻浩

劳动驱逐懒惰

记得有位名人说过："劳动是打开幸福之门的钥匙，是每个公民的根，劳动是人的进化。"劳动是防止一切社会病毒的伟大消毒剂。生活中，劳动必将是一笔难得的人生资源和财富，人生的绚丽和精彩都是在不断地劳动中，并勇于在创作的过程中写出来的！

记得那天休业式结束后，金老师让我们刚评选上"三好学生"的同学留下来劳动——打扫教室。老师走后我们便各自分工、各司其职，有条不紊、热火朝天地干起来。

被分配到扫地的两个同学十分细心。只见他们一手拿扫把，一手拿簸箕，先略扫一遍，然后把所有的椅子都翻上去，认认真真、仔仔细细地再扫一遍。可能觉得还不够彻底，他们又索性把桌子移开，果然像发现新大陆一样，看到桌子缝隙留有不少垃圾。三下五除二，他们快速细致地把垃圾清扫干净了。地板、讲台和走廊都呈现出一尘不染的景象，两位扫地的同学站在那得意地微笑，似乎对自己的"作品"很满意。

被安排擦窗户的同学也格外卖力。他们拿着报纸，先对窗户哈了口气，然后用力地来回拭擦，不一会儿窗户就被擦得亮堂堂的。突然他们遇到个难题：上层的窗户该怎么擦呢？顿时扫地的同学拿着椅子递给了他们。这下，整个窗户都能擦到了。在他们齐心协力的默契配合下，所有的窗户都变得干干净净，宛如一面镜子。

我的任务是排课桌，一件看似简单但内容又比较复杂的任务。我先把第一组的课桌脚对齐地上的瓷砖线，再把一整排按第一组的位置对齐好，然后把椅子塞进去，这样一组就整齐有序地排列好了；然后重复第二组、第三组、第四组。最后一张桌子排好后，眼前的课桌如同一位位解放军，整整齐齐、井井有条地排列着，顿时我心里也美滋滋的。

这次劳动让我明白了一个道理：劳动使人勤劳、愉悦，它把懒惰驱逐出境。可见，劳动最光荣。

六（3）班　张杨轩

聊聊我们的"大扫除"

俗话说："劳动最光荣。"劳动不仅可以锻炼我们的身体，还可以培养我们的耐心。因此我们学校举行了一年一度的大扫除活动。

听说大扫除，同学们立刻神采飞扬起来。老师宣布了每个人的任务后，同学们都争先恐后地跑了出去：有的拿起抹布；有的拿起扫帚；有的提起拖把……就像出巢的小鸟一样叽叽喳喳，连蹦带跳地欢呼着："耶，不用上课了！"

说干就干，干劲十足。瞧，那位同学正全神贯注地擦着桌子。他似乎看见一小块泥粘在了桌子上，只见他先用抹布用力地擦了擦，见没有擦掉，便自言自语道："这东西可真难擦，我该怎么办呢？"他眼珠子一转，搔了搔后脑勺，然后拿起一块泡沫，接着用它蘸了点水卖力地擦了起来，在他的"不懈努力"之下，桌子变得干干净净，就如新的一样。

　　而我则是被分在了扫地组，负责第三组的卫生。只见我挥着扫帚好不容易把一些纸屑扫在了一起。顷刻之间，一阵"铺天盖地"的大风卷地而来，把我好不容易扫的垃圾全都吹散了，就像蝴蝶一样翩翩起舞。我只好弯下腰不紧不慢地捡起小纸屑，累得我满头大汗，脸红得就像一个红苹果。但是在我的不懈努力之下，地终于被我扫得干净起来。

　　不知不觉中，便要到放学的时候了。功夫不负有心人，在同学们的齐心协力之下，教室变得焕然一新。我累得大汗淋漓，但是一看到教室干干净净，我感到十分自豪，因为"劳动最光荣"。

六（3）班　孙阳烨

团　结

　　春节期间，我去观赏舞狮竞赛，听到旁边的队长喊："要团结起来！"听到这句话，我便想起美术课上的一件趣事，就让我告诉你吧。

　　有一节美术课上，老师要我们四人小组合作制作一台电视机，还开玩笑："不要把家里的平板拿过来充当屏幕哦。"于是我们四个人便商讨好每个人分别要带的东西，而我带的是纸盒。

　　第二天的美术课上，我们小组只有我和同桌带了材料，后面两个人什么都没带。于是我有些生气，说："你们两个怎么不带材料？昨天是谁说一定带的！""我忘记了！你那么急干什么！"他们瞥了我一眼。"你们不和我们一组，我们会更好的！"我喊道。"好啊！"他们对我十分不满。于是，他们加入了其他组。我和同桌两个人一起做。可是我真的发觉力不从心啊。做一台精美的小电视机两个人，四只手，真的不行啊！尽管我回家还一个人做了外部装饰，可内部更难做，何况我还要做滑动屏幕，简直是难于登天啊！

我瞅了一下那一组，他们六个人一会儿就做好了，而我们这组才完成三分之一，这让我非常后悔当初做的决定，最后我们两个只能拿"良"。

这件事让我明白了：团结就是力量。大家都是一个团队，要多包容，为何要恶语相对、自相残杀呢！俗话说："三个臭皮匠，顶个诸葛亮。"我们一定要有团队精神，精诚合作，才能取得成功！

六（2）班　付宇轩

半把尺子

窗外，过路人匆匆走过，栾树落下了片片黄叶，"吱吱——"的打磨声萦绕在耳边，"沙沙"的笔声将我拉回教室，我猛地一惊，才想起，这是考场。

在10分钟前，老师下发了考卷，我略微阅读了一下，还挺简单！我心中暗自得意：还好我昨天复习了。我立刻提起笔，如别人一般答起题来。突然，一道画图题横在了我眼前。此刻，我就是勇闯难关的骑士，而它就是一只浑身长满尖刺的怪兽。问题十分棘手，我抓耳挠腮，却没有任何解决的方法，因为——我没有带尺子！我急得焦头烂额。

我悄悄地望了讲台一眼，老师正"虎视眈眈"地向这边扫视，我又把头低了下去，心中早已如一团乱麻。我心急如焚，不停地责备自己：为什么昨天不把尺子放回书包？如果时光可以倒流就好了！唉！一旁的同学们都在奋笔疾书，只有我"手无寸铁"。泪水已模糊了我的双眼，形成了一层薄雾笼罩在我眼前。我求助地望向了我的朋友，她立刻明白了我的意思，二话不说，把她的尺子"啪"地掰成了两半。一旁的同学都十分诧异地看着她，她大大方方地把其中一半长的递给了我，又朝我笑笑，那是怎样温柔的笑容啊，她的一笑如初升的阳光，把我心中的坚冰融化了，阳光再次洒在我的心田。春天把寒冷的冬天抹去。

我再次振作起来，重拾起希望，抓起笔和尺，继续答题，用那点仅剩的时间答完了剩下的题目，我松了一口气。呼吸平稳了下来，又浏览了一遍，这才放下心来。

考试过后，我明白了：朋友十分真挚。他们在你困难时，有如一盏路灯，帮助迷路的人指引方向，又如茫茫大海上的一叶扁舟，虽然微不足道，却能给予你最大的帮助。

六（4）班　陈婧渝

吾辈当自强

有一天，吴老师正在为我们上《圆明园的毁灭》这一课，我一直是一个历史通，讲到八国联军侵华，我更是能说得头头是道，一节课我听得兴致勃勃。

可老师一个突如其来的问题引发了我的思索：既然由八国联军侵华开始，中国开启了一段漫长的屈辱史，那为什么在之前所学的《少年中国说》中，梁启超又如此赞颂中国呢？

我不禁想起了梁启超先生写的《少年中国说》来，"红日初升，其道大光；河出伏流，一泻汪洋；潜龙腾渊，鳞爪飞扬；乳虎啸谷，百兽震惶；鹰隼试翼，风尘翕张……"

许多同学都答不上来，这难不倒我，我高高举起手，一脸势在必得地回答说："纠正国内一些人自暴自弃、崇洋媚外的奴性心理，唤起人民的爱国热情，激起民族的自尊心和自信心。"在学习《少年中国说》时，我可是把这段话当成笔记记在书上的。

"你说得很好，不过为了方便更多的同学更好地理解梁启超为什么要这样做，我们一起来看一段资料。"

通过资料我有了更深的理解，原来当时的帝国主义组成八国联军，勾结清政府，镇压义和团运动，攻陷了天津和北京等地。八国联军制造舆论，污蔑中国是"老大帝国"，是"东亚病夫"，是"一盘散沙"，不能自立，只能由列强共管或瓜分。而中国人中，有一些无知昏庸者也跟着叫嚷"中国不亡是无天理，任何列强三日内就可以灭亡中国"，散布悲观情绪，民族危机空前严重。梁启超写《少年中国说》是为了鼓舞人民，为了驳斥帝国主义分子的无耻谰言，真是了不起啊！

"少年强则国强"，这不就像现在的我们吗？我们是祖国的未来，是父母的希望，要像这少年中国一样，朝气蓬勃，满怀理想与抱负，信心十足，豪情万丈。从现在开始，一定要好好学习，天天向上，像这轮太阳一样冉冉升起，长大为祖国增光添彩！

五（2）班　刘牧野

心急吃不了热豆腐

有一次数学课上，老师把新课讲完后，便让我们拿出补充习题完成本课的作业。我一向是班里数学界的佼佼者，交作业的积极分子，一阵龙飞凤舞后，顺利完成了今天的作业。眼看平时一直与我比拼速度的同学才刚刚写到最后一题，我心里暗自窃喜。

我立刻拿起作业本站起来了，在全班同学钦佩的目光中走上了讲台，得意地把作业交到老师手中。

"嗯，张子龙第一名，很快！"沈老师接过我的作业表扬道，然后拿起红笔批了起来。唰唰唰勾了四题，到第五题时，老师在题号上画了个圈，"错了一题，很简单，不该错的。"一直批到最后一题，老师又打了个小叉，我的心里凉了半截。唉，早知道应该更加认真仔细的，这两题我明明都会。沈老师放下红笔，看着我涨红的脸说："张子龙，心急吃不了热豆腐，明白了吗？"

我点点头，拿着作业回到座位上开始修改。

我不由得想起了，前几晚上爸爸泡了一壶茶，茶香扑面而来。一旁的我禁不住喜悦，一把抓起爸爸刚倒出来的茶，迫不及待地吮吸起来。"哎哟！"我大叫一声，原来这刚刚泡好了茶，很烫，烫到了我的舌头。爸爸笑着说："傻孩子，这茶刚刚泡好，你怎么就这么快喝了呢？再说，茶是要慢慢品的。像你这样喝茶，肯定会烫到嘴的。""哦。"我恍然大悟地点了点头。

于是，我从这两件事中明白了：任何事情都要慢慢来，欲速则不达。写作业就像喝茶一样，喝得快了，就会烫到嘴巴。

这就是沈老师说的"心急吃不了热豆腐"。

五（4）班　张子龙

一张废纸之旅

相信每个同学家里每天都会产生一些废旧的纸张。比如说：看过的报纸、废弃的练习本、陈旧的杂志、无用的纸板箱等。其实这些旧纸张都是可以进行回收利用的。在瑞士已经实行了几十年的对废纸和纸板的分类回收，在那里大多数公民已对此习以为常。

有一天，沐阳放学回来跟我说："妈妈，今天老师说：'我们学校举行了废纸回收的活动，我们可以带一些废纸去，学校置换厕纸提供给我们使用。'我打算以后去把家里用完的练习本等废纸带到学校回收，还会把废纸收集起来，带到学校。你能不能和我一起行动呢？"我说："可以呀！只要是学校的活动我都支持。"可是没过一会儿沐阳又不解地问我："学校为什么要搞这个废纸回收活动呢？"于是我耐心地向他解释道："每吨废纸可再生800千克新纸，不仅可以节约木材、纯碱、标准煤、电、水等相关珍贵资源，还大大降低了生产成本，十分有利于环境保护。学校之所以这样做，是想要你们养成废纸回收的好习惯。"

沐阳听完后开心地点了点头，然后去他的书房，把看完的报纸、写完的作业本、不用的书、杂志等整整齐齐地堆在一起。我拿了一个大纸箱，把整理好的废纸一起打包。看到他如此看重这件事，我便想到公司每天会产出很多废纸，决定将这些废纸打包带回家来，让他每周进行整理归纳，等到回收日再将废纸统一带到学校去，由学校统一处理。

慢慢地沐阳养成了主动收集废纸的习惯，他的行为影响着身边人，相信我们每个人都是环保卫士。

六（9）班　周沐阳

我参与我快乐

　　世间万物，唯有爱与美食不可辜负！每次面对美食，我都告诫自己："吃多了会胖死。"但结果证明，我根本就不怕胖死。作为一个资深吃货，带着我的小吃货参加培小每周五的社团活动之"幸福厨房"已经是两年前的事了，但至今回想起来还是满满的幸福感！

　　美食不仅仅是味蕾的享受，更是促进亲人、好友、同学之间感情升华的催化剂。做美食就像做人，必须真材实料，还要去杂选优，精心烹饪才会成为美味佳肴。

　　每周五，我们的幸福厨房教室总是人气最旺的。尤其是摄影组的同学，总是以给我们留下美好瞬间为由，到我们厨房来蹭吃蹭喝。老师和校长也经常来关心我们。各班的小吃货在老师的指导下，在家长志愿者的帮助下，自己动手洗菜、切菜做美食。享受美食的时光是快乐的，但是等待美食出炉的时间是最快乐的！每次美食出炉后，小吃货们总不忘记要带一些回教室，分享给那些没能参与我们活动的伙伴。

　　还记得那年各社团的汇报总结活动上，我们的幸福厨房得票也是相当高的。可见，美食是孩子们的大爱。转眼我家的小吃货已经是毕业班的大孩子了，没机会再参与其中了，祝愿一代又一代的小吃货们开心快乐，祝愿我们的幸福厨房越办越好！

　　美食治愈一切坏心情，没有什么烦躁是一顿美食解决不了的。美食让人的味蕾得到满足和享受，这种满足能够悄悄转换成为一种前行的动力，让我们有足够的底气去付出更多的努力，踏实迈出每一步，好运就会伴随左右！

（王丽莉）

聊聊学校的春日生长

故事主题：小黄豆发芽啦

情境冲突：

学校要组织一次春日生长活动，小家伙回来后找了个花盆，到小区空地挖了一些泥土，然后在上面撒了些黄豆。以后他每天给种子浇水，还经常把花盆搬到阳台外面给种子晒太阳。过了几天，他惊奇地发现有几颗种子破土而出。小家伙高兴极了，更有干劲了，每天都要去看好几次他的杰作。只是啊，他并没有太注意到他的花盆里也生出了很多小草的嫩芽。

引发的问题：

过了一周，他发现那些小草又高又壮，长势非常旺盛。而他的那些黄豆苗都矮矮的，而且都耷拉着脑袋无精打采的样子，这可怎么办呢？他很懊恼！

问题化解的过程：

我建议他清理一下他的花盆，试试只留下自己需要的。他小心翼翼地拔掉了那些不需要的小草，仅留下了自己的黄豆苗。又过了两天，他的黄豆苗终于都抬起了头，看上去神气极了。

故事背后解释的意义：

他后来知道了是那些不需要的小草抢了那些黄豆苗的营养，导致他想要的黄豆苗不能很好地生长。我又告诉他，小孩子的成长也一样，每个孩子都有自己的理想和目标，但是有些坏习惯会成为你们的绊脚石，这个时候，老师和家长就会协助你们一起拔掉它们，这样小孩子才会茁壮成长，快快去实现自己的理想！

（记录人：二年级孙睿家长）

故事主题：收获小青菜

情境冲突：

宝贝以为小青菜只要撒好菜籽就可以直接收获了，结果发现原来到收获要花很长的时间，最终只能认认真真地观察种植，等待收获。

引发的问题：

1.小青菜怎么会长不大?
2.小青菜上怎么会有小洞洞?

问题化解的过程：

原来当初在种植小青菜的时候没有考虑到菜籽撒太多太密会影响小青菜的生长，会营养不良，也会使其伸展不开，需要均匀地撒菜籽；发现长得太密的时候要拔掉一些，让它们有长大的空间，还要不定期地帮它们浇水。小青菜慢慢地长大了，就会有小鸟和小虫子来吃小青菜，使小青菜变得都是小洞洞，这个时候就应该在盆子里插个小棒子系上小塑料袋来赶走小鸟，还要勤观察发现小虫子要立马抓掉。

故事背后解释的意义：

通过自己种植，能够更加有耐心，变得更加仔细地观察，知道了农民伯伯的辛苦和不易，更加懂得珍惜这来之不易的食物。

（记录人：二年级叶顾宇家长）

故事主题：魔法种子

情境冲突：

春天是美好的季节，阳春三月，万物复苏，正是播种的季节，我应该种什么呢？

引发的问题：

1.这个季节选择什么样的种子易活？
2.如何进行种植、观察记录呢？

问题化解的过程：

孩子想了想跟我说："妈妈，我们种一盆吊兰吧，易养活；妈妈，我们种一盆仙人掌吧，耐干旱。"我说："我们还是选一类有种子的植物吧，观察它如何破壳、如何破土，我们来见证一颗种子的魔力吧。"

我们搬来泥土，买来花盆，找出小铲子，准备开始种向日葵。首先用小铲子松土，再把泥土倒进花盆里，其次播撒种子，再次在上面撒上一层薄薄的土，最后浇一点水，把它摆放在窗台上。

三天做一次笔录，一周拍一次照片，从嫩芽到"Y"叶，从两片叶子到四瓣大叶，孩子都整理成册子。

故事背后解释的意义：

其实生活就像养花、种植一样，最重要的并不一定是结果，而是你每天浇灌它，悉心打理，陪伴它生长的这个过程。不可溺爱，也不可撒手不管，要摸其性情，抓其规律。

（记录人：二年级唐周璟家长）

故事主题：积分换礼物

情境冲突：

一天下班回家，孩子欣喜地走到我面前，让我闭上眼睛，说要送给我一个惊喜。为了配合她，我按照她的要求做了。

引发的问题：

1.今天不是我的生日，也不是什么节日，这娃怎么突然要送礼物给我？

2.平时也没给她什么零花钱，这礼物又是打哪来的呢？

问题化解的过程：

孩子却很得意扬扬地说："妈妈，这是我在学校参加社团'春日生长'，用活动的积分换来的，好看吧？送给你！"听到这话，我的心头一阵暖流涌过。既然是积分换来的，那必定是在学校表现良好才会有，而且换到的东西第一时间想到要送给妈妈，表明孩子懂事了，长大了，能把大人装心上了！我连忙接过来，夸赞地说："嗯，真漂亮，谢谢你！""我还看上了一个卡包，等我积分够了，我再换给你哈！"孩子接着讲。"好的，那你要继续努力哦！"我欣慰地回答。

故事背后解释的意义：

礼物虽小，但是让我看到的是孩子的好习惯、好品质的养成，这些都是孩子成长的坚强基石。在这里我也要感谢班级老师们的细心培养，感谢学校的优良校风，让我的孩子可以在耳濡目染中往更加优秀的目标前进！

（记录人：二年级吴姚夏妈妈）

　　有人说，课程是跑道，而在我看来，课程建设就是和儿童一起奔跑的过程，在奔跑的过程中，我们需要知道自己在哪里，要到哪里去，怎么去那里，到那里了吗？大多数人将课程分为国家、地方、校本三级维度，但是对学校而言，无论是哪一个维度，都需要学校根据国家的意志、本土的属性、儿童的天性、学校的特性而展开，在我们看来它们都是学校课程。

　　《论语》有言："君子务本，本立而道生。"立本生道，培本固元，方能健行图远。好的教育，终究要回归初心，只有不忘初心，才能让教育回归本质；只有回归教育的本质，才能走得更远，这是本道课程建设的逻辑起源。随着学校文化建设的持续探索，我们发现培本之"本"内涵越发丰富：第一，指向教育根本任务即立德树人，树德智体美劳全面发展的人，树担当民族复兴大任的时代新人，有理想、有本领、有担当；第二，指向儿童本体，教育从儿童出发，每一个学生都是一棵长满可能的树，他们都有触摸高天的生长力量，学校使命是培育儿童生长的土壤，给予儿童生长的养分；第三，指向书院本色，我校前身是玉山书院、三贤祠所在地，百十年来，积淀坚实根基。我们希望以儿童为中心，秉承书院底色，用优秀传统文化服务当下儿童的生命成长，达成立德树人的根本任务。

　　多年来，我和我的教师团队立足国家未来需要，挖掘传统文化及百年校史，聚焦"书院、主张、图谱、资源、实施、评价、故事"等七个方向，以江苏省"十三五"立项课题"基于儿童立场的本道课程构建和实施"为引领，以指向五育的培本学子五个校本化核心素养"家国情怀、求真养智、健体澄心、循理尚美、实践创新"的培育为宗旨，加强制度保障，成立了学校课程建设中心，先后制定了《课程管理条例》《课程实施办法及评估》等，持续精耕"本道课程"，从顶层设计到落地实施，再到提炼精华，让课程建设更加有迹可循。

此书是对多年来我校本道课程建设的梳理，也是对课程探索的过程性反映，更是课题研究的阶段性小结，凝聚着培本老师们的心血，突出了实践性、活动性、校本性、选择性，是立德树人育人范式的培本表达，希望得到专家和同人们的指导。

陈惠兴

2020年1月20日